論集

中世東大寺の華厳世界

——戒律・禅・浄土——

ザ・グレイトブッダ・シンポジウム論集第十二号

東大寺

表紙カバー　杉本健吉　画伯

序

第十二回「ザ・グレイトブッダ・シンポジウム」（ＧＢＳ）は例年よりも開催時期を繰り上げて、平成二十五年十一月二十三日、二十四日に「中世東大寺の華厳世界―戒律・禅・浄土―」をテーマとして開催いたしました。

これまでのＧＢＳにおいても鎌倉復興期をテーマとして取り上げたことがありましたが、平成二十六年が重源上人につづく大勧進・栄西禅師の八百年御遠諱の年にあたり、前記テーマを設定し、東日本大震災や紀伊半島大水害、あるいは本年の広島など各地での大規模な水害、土砂災害など相次いだ大災害後の継続的な復興活動が盛んにいわれている中で〝重源上人〟以後の東大寺や仏都・奈良の復興の具体相に迫りました。

栄西禅師やその後をついだ弟子の行勇らによって東大寺の復興活動が引き継がれていき、伽藍という活動基盤が出来上がり、その上に戒壇院を中心に律や華厳といった教学の興隆へと昇華していったともいえます。

本書が未曾有の大災害を経験した我々のこれからの進むべき姿を示す一助となることを期待いたします。

平成二十六年十一月二十二日

東大寺別当　筒井寛昭

目次

全体討論会

凝然の二種生死論
—東大寺図書館所蔵『華厳二種生死義』の読解—

岡本一平

一　問題の所在

示観房凝然[1]（一二四〇—一三二一）の『華厳二種生死義』（以下『二種生死義』と略称）は、東大寺に自筆本として伝わる貴重書であり、一七巻分と断簡一巻、合計約一八巻分が東大寺に現存している。[2] これは、現在知られている限り、凝然の未翻刻写本として最大巻数を誇る。[3]

最初に、二種生死について概観しておきたい。周知のように、二種生死は、求那跋陀羅訳『勝鬘経』「一乗章」に「二種死」として説示される「分段死」と「不思議変易死」に起源を有す。[4]

［1］ⓐ何以故、有二種死。何等為二。謂分段死、不思議変易死。分段死者、謂虚偽衆生。不思議変易死者、謂、阿羅漢・辟支仏・大力菩薩意生身、乃至究竟無上菩提。ⓑ二種死中、以分段死故、説阿羅漢・辟支仏智「我生已尽」。得有余果証故、説「梵行已立」。凡夫人天所不能弁。七種学人先所未作。虚偽煩悩断故。説「所作已弁」。阿羅漢辟支佛、所断煩悩更不能受後有故。説「不受後有」。非尽一切煩悩。亦非尽一切受生故説不受後有。（大正蔵一二、二一九下二〇—二五行）

どうして二種の死があるのでしょうか。何を二と為すのでしょうか。それは、分段死と不思議変易生死です。分段死とは、虚偽の衆生です。不思議変易生死とは、阿羅漢と辟支仏と大力の菩薩の意生身であり、究竟無上菩提に至るまで〔存在します〕。二種の死の中、分段死について、阿羅漢と辟支仏は「私の生はすでに尽きた」と知ったと説かれたのです。〔彼らは、〕余り有る果証を得ただけなのに、「梵行はすでに完成した」と説かれたのです。〔彼らは、〕凡夫と人と天とは為すことができないこと、七種の有学人たちが未だ為すことがでないもの先として、虚偽の煩悩を断じたので、「為すべきものを為しおえた」と説かれたのです。阿羅漢と辟支仏は、煩悩を断じ、さらに後の生存を受けないので、「後の生存を受けない」と説かれたのです。

〔しかし、〕全ての煩悩を尽くしたわけではありません。また、全ての受生を尽くしたわけでもないのに、「後の生存は受けない」と説かれたのです。

『勝鬘経』[1]ⓑによれば、「阿羅漢と辟支仏は「私の生はすでに尽きた」（「我生已尽」）と知ったと説かれた」のは、「二種死」の内、「分段死」に関して言われたと明示されている。従って、阿羅漢と辟支仏は、「不思議変易死」が残されていることを知らない。それにもかかわらず、彼らは、「梵行はすでに完成した」（「梵行已立」）、「為すべきものを為しおえた」（「所作已弁」）、「後の生存を受けない」（「不受後有」）とも考えている。つまり、『勝鬘経』によれば、彼らは修行を完成し、涅槃を獲得したと錯覚していることになる。このように、『勝鬘経』[1]は「二種死」を示すことによって、阿羅漢と辟支仏の獲得したものが、「究竟無上菩提」ではないことを説示しようとしている。

また、『勝鬘経』「一乗章」は[1]の経文に続いて、「二種死」の原因を次のように解説している。

[2] 世尊。ⓐ又如取縁有漏業因而生三有。ⓑ如是無明住地縁、無漏業因、生阿羅漢辟支仏大力菩薩三種意生身。此三地彼三種意生身生、及無漏業生、依無明住地。（大正蔵一二、二二〇上一五―一九行）

世尊よ。ⓐまた取を縁として、有漏業を因として三有が生じるように、ⓑこのように無明住地を縁として、無漏業を因として、阿羅漢と辟支仏と大力の菩薩に三種の意生身が生じます。この三地にかの三種の意生身が生じ、および無漏業が生じるのは、無明住地に依ります。

浄影寺慧遠（五二三―五九二）の『大乗義章』「二種生死義」によれば、[5]『勝鬘経』[2]は、「分段生死」と「変易生死」の「因」と「縁」を解説する経文として理解されている。[2]ⓐについては、「分段生死」は、「取」＝「四住地」を「縁」として、「有漏業」を「因」として「三有」＝「三界」に「受生」すること、と解釈する。[2]ⓑについては、「変易生死」は「無明住地」を「縁」として、「無漏業」を「因」として「阿羅漢」や「辟支仏」等が生じること、と解釈している。

この他にも、玄奘糅訳『成唯識論』巻第八に「二種生死」は取り上げられている。[6]

[3] 生死有二。一、分段生死。謂、諸有漏善不善業、由煩悩障縁助勢力、所感三界麁異熟果。身命短長、随因縁力、有定斉限、故名分段。二、不思議変易生死。謂、諸無漏有分別業、由所知障縁助勢力、所感殊勝細異熟果。由悲願力、改転身命、無定斉限故名変易。無漏定願正所資感、妙用難測名不思議。（大正蔵三一、四五上一四―二一行）

生死には二種ある。一には、分段生死である。諸々の有漏の善と不善の業が、煩悩障の縁を助ける勢力によって、感ずる所の三界の麁の異熟果である。身と命とに短と長があり、因と縁との力に随って、決定した斉限有るので、分段と名づける。二には、不思議変易生死である。諸々の無漏の有分別の業が、所知障の縁を助ける勢力によって、感じる所の殊勝の細の異熟果である。悲と願の力によって、身と命を改転し、確定した斉限が無いので、変易と名づける。無漏の定と願とに正しく資け感じられる所であり、その不思議なはたらきは計測し難いことを、不思議と名づける。

『成唯識論』[3]によれば、『勝鬘経』と『成唯識論』とでは「二種死」に対する見解が少し異なる。まず、訳語として、『成唯識論』は、「分段生死」と「不思議変易生死」と、「生死」という漢語を使用している。これは原語の差異を反映しているとも考えられるが、おそらく、南北朝以降における「分段生死」「変易生死」という表現を踏襲した語と推定される。また、『勝鬘経』[2]において、「二種死」の「縁」と規定された「取」と「無明住地」を、「煩悩障」と「所知障」するなど、瑜伽行派の教義によって体系化されている。『勝鬘経』と『成唯識論』の記述を比較すれば次のようになる。[7]

『勝鬘経』	〈縁〉	〈因〉	〈果〉
分段死	取（四住地）	有漏業	三有（三界）
変易死	無明住地	無漏業	三種の意生身
『成唯識論』	〈縁〉	〈因〉	〈果〉
分段生死	煩悩障	善悪の有漏業	麁の異熟果
変易生死	所知障	有分別の無漏業	殊勝の細の異熟果

東アジアの仏教思想家たちは、『勝鬘経』や『成唯識論』を丹念に読み、註釈書も執筆し続けてきた。とりわけ、『勝鬘経』は、慧遠の『勝鬘義記』、吉蔵（五四九―六二三）の『勝鬘宝窟』、基法師撰・門人義令記『勝鬘経述記』、元暁の『勝鬘経疏』、伝聖徳太子『勝鬘経義疏』など、学派を超えて関心を集めた。

中国華厳学派では、智儼（六〇二―六六八）や法蔵（六四三―七一二）の時代から、二種生死は修行の階梯における身体の問題として考察されてきた。近年では、大竹晋氏が、この二師の二種生死説を詳細に研究している。[8]

『勝鬘経』[1]によれば、「二種死」は、阿羅漢と辟支仏は、「変易死」を知らないことを説示することによって、「究竟無上菩提」は遙か彼方にあることを知らしめることに目的があった。しかし、法蔵は、『華厳経中一乗五教分斉義』（『五教章』と略称）巻下、「第十　諸教所詮差別」中「第五　修行所依身」において、「円教」の立場では「変易」を説かずに、「分段身」だけで「十地離垢定」に至ると主張する。次の[4]ⓐの部分である。

[4]　ⓐ若依円教不説変易、但分段身至於十地離垢定前。以至彼位、得普見肉眼。故知是分段也。ⓑ又、如善財等、以分段身、窮於因位故也。ⓒ問。何故此中不説変易。答。如世界性等以上身分、甚極微細、出過諸天、応同変易。ⓓ但以此教不分生死麁細之相。総就過患以為一際、至信満後、頓翻彼際故不説也。余準思之。（大正蔵四五、四九二中三―一〇行）

その一方で、法蔵は[4]において、複雑な論理も展開している。それはⓐで「変易を説かず」に「ただ分段身だけ」という一方で、ⓒでは、それは「応に変易に同じ」という述べることである。即ち、

［4］ⓐⓒにおいて、法蔵は〝修行所依身〟として、〝円教では、分段身だけを用いるが、それは実質的に変易身である〟と述べていることになる。ⓑでは善財童子の物語を、その例示としている。さらに、ⓒの問答によれば、法蔵は「変易」を説かない理由として、主に二つを挙げていると思われる。[9] 第一に、「生死麁細之相」を区別しないこと。第二に、「信満[10]」（＝十信の完成）の後に至り、直接「彼際」を翻すから「変易」を説かないことである。この第二の理由は、具体的には「信満成仏」を背景にしている。[11]

法蔵の『五教章』［4］は、その後、華厳学派の二種生死説の基準になった文章であり、一般に、華厳学派は「変易を説かず」に「分段身」だけで成仏可能なために勝れていると理解されている。このような前提に立つ限り、凝然が『二種生死義』を執筆することには、当初から困難が予想されていることになる。そこで、『二種生死義』巻第二「第三出体」の読解を介して、凝然の二種生死論について考察してみたい。

二　『二種生死義』と『通路記』

翻刻されている凝然の著作の内、二種生死義に関する纏まった文献は、『五教章通路記』（『通路記』と略称）巻第四二と巻第四三である。これは、法蔵『五教章』巻下「第十　諸教所詮差別」中「第五　修行所依身」に対する註釈部分に相当する（［4］を含む）。周知のように、『五教章』「修行所依身」は、二種生死を基礎にして、五教に亘って修行に関する身体を考察する一節である。ところが残念なことに、『通路記』巻第四三は、『五教章』［4］に対する註釈の途中から散逸している。従って、円教の二種生死に関する凝然の見解は、一部しか知ることは出来なかった。『二種生死義』も完全に現存していないが、二種生死に関する専門書であるので、『通路記』よりも多くの知識を期待できる。

また『二種生死義』巻第一八は、弘安四年（一二八一）四月二十五日、『通路記』巻第四二は、応長元年（一三一一）五月十日に成立している。従って、両文献の間には、約三〇年の歳月が流れている。両文献を比較すれば共通の記述が多く、その成立順序からみて、『通路記』の記述は『二種生死義』を略述して転用したものと判断できる。

『通路記』巻第四二から巻第四三に亘り、「傍論」と呼ばれる部分がある。この「傍論」は、二種生死に関して『五教章』「修行所依身」に論究されていない問題を略述したものである。両文献を全篇に亘り比較することは紙数の都合により不可能なので、ここでは、「傍論」と『二種生死義』の項目のみを対照させておこう（『通路記』「傍論」の頁数は冒頭部のみ記載）。

『華厳二種生死義』	『通路記』「傍論」
「第一未詳」（巻第一散逸）	「名字」（大正蔵七二、五四二中一九行）
「第二未詳」（巻第一散逸）	
「第三出体（仮題）[12]」（巻第一～二）	「体」（大正蔵七二、五四二下二〇行）
「第四弁相」（巻第三）	
「第五開合廃立」（巻第三）	「開合」（大正蔵七二、五四五

下五行）
「第六約界料簡」（巻第四）
「第七受生因縁」（巻第五～六）　「因縁」（大正蔵七二、五四五下二三行）
「第八発業潤生」（巻第七～九）　「発業潤生」（大正蔵七二、五四五下二七行）
「第九三道」（巻第一〇）
「第十約人分別」（巻第一一）
「第十一行位」（巻第一一～一三）
「第十二得之処所」（巻第一三～一四）
「第十三治断棄捨」（巻第一五）
「第十四諸門相備」（巻第一五～一六）
「第十五未詳」（巻第一七断簡のみ）
「第十六雑相料簡」（巻第一八）

このように『二種生死義』と『通路記』の間には対応関係がある以上、『二種生死義』の執筆段階で、凝然の二種生死に対する見解は、一端纏められ、それを『通路記』に転用したと考えるべきであろう。

従って、『二種生死義』は、凝然の二種生死論の全体像を知る上で不可欠な文献と言える。すでに私は、『二種生死義』の概要を紹介し、さらに、本文献に引用される貴重な逸文の内、道基[13]（五七七以前―六三七）の『摂論章』「二種生死義」（仮題）に対する部分的な分析と、菩提達摩の『楞伽経疏』全文三個所に対して検討した[14]。ここでは、「第三出体」に限定して凝然の二種生死論を解明したい。

三　『二種生死義』「第三出体」の読解（一）

本節から『二種生死義』「第三出体」を、円教の部分に限定して読解する。翻刻は正確を心がけたつもりだが、一部の字句については難読のために保留した部分もある。

「第三出体」の構成は五教判であり、巻第二には終教・頓教・円教の順序で、三教における二種生死の「体」を記述している。おそらく散逸した巻第一には、小乗と始教の記述があったのであろう。『通路記』巻第四二の「傍論」中の「体」は、この「第三出体」に相当し、両文献の終教の記述は、その大半が文章も一致する。従って、『二種生死義』「第三出体門」を『通路記』に転用したと言える。

最初に、『二種生死義』巻第二、円教の「体」に関する記述の冒頭部分を翻刻によって提示する（以下『二種生死義』の頁数は、写真版であり、紙数ではない）。

[5]　ⓐ後就一乗円教明二生死体者、此有二門。ⓑ一約同教意。以前諸教所明二死、並摂随応以為其体。摂方便故。是所流故。ⓒ二正就別教、出二死体。此別教中不説変易。但分段身至第十地離垢定前。此乃彼位得普見肉眼故。肉眼要是分段故。ⓓ問。既唯分段、不立変易。其分段身体性云何。為与始終二教分段、全是一同、為是異耶。ⓔ答。此教分段与三乗別。始終二教分段身相、煩悩為縁、有漏業因、所感第八麁異熟果。総別果報、可知可見。是名分段。且如肉眼唯見欲界、唯見麁色、唯見

障内。不見色界、及以細色、障外等色。其変易身一一反此。ⓕ今一乗分段相、普見肉眼、即見十仏世界・極微塵数刹土中之事。世界性等已上身。分段身分、甚極微細、出過諸天。雖言即是分段生身、与三乗教変易身同。最上勝妙極微細故。所□分斉勝於三乗。然此教中不分生死麁細之相。総就過患、以為一際。至信満後、頓翻彼際。是故不説変易身也。又、依『孔目章』「変易身者、唯是分段生死細相」。ⓖ分段之外無別変易。縦是変易唯名分段。無所乖違分段麁細体。自爾故。由此義故、ⓗ円教之中唯名分段。其相極細、還与三乗変易大同。（『二種生死義』巻第二、三七頁）

この『二種生死義』［5］のⓐ—ⓕの傍線部は、『五教章』［4］をほぼ忠実に引用したものである。［4］中、ⓑ善財童子の記述を除けば、凝然はほぼ全ての文章を［5］に組み込んでいる。従って、凝然の円教の二種生死説は、『五教章』を下敷きにしていることは確実である。しかし、異なる部分もある。

第一に構成である。『五教章』［4］は「円教」の解説であることに対して、『二種生死義』［5］は「一乗円教」を「同教」ⓑと「別教」ⓒに区別して、［4］の記述を「別教」に移行させている。「第三出体」だけでなく、『二種生死義』において五教の区分をもつ章は、全て同別二教に区別されている。

第二に主題である。「第三出体」は二種生死の「体」を主題とするが、智儼と法蔵にこのような発想はない。即ち、凝然は『五教章』［4］の記述を「体」という主題の下に考察していることになる。

［5］ⓒの部分は、殆ど［4］の文章から成り立っている。顕著な差異は、〝「肉眼」は必ず分段であるから〟（「肉眼要是分段故」）の個所であり、凝然は「肉眼」が「分段」であることを強調している。この強調は、凝然にとって極めて重要な問題になる。なぜなのか。

まず『勝鬘経』［2］よれば「分段死」は三界の生存（「三有」）を意味する。従って、「分段死」に〝肉体〟が存在することは自明なことである（ただし、無色界には色法は存在しない）。この限りにおいて、［5］ⓒ傍線部、〝分段身だけによって十地の離垢定の前に至って、この位において普見の「肉眼」を獲得する〟という見解は自然なものである。しかし、法蔵は「応同変易」、即ち〝「その分段は」「変易」に同じである〟とも述べる（［4］ⓒ）。『勝鬘経』［2］では、〝「変易死」を経る声聞と辟支仏と大力の菩薩には、意生身が生起する〟と説示されている。この「意生身」が何であるのか、よくわからない部分があるが、少なくとも「意」、即ち心が強調されていて、色が強調されていないことは確実であろう。従って、「普見肉眼」と「応同変易」この関係こそが、凝然の課題になる。つまり、法蔵が〝「変易」に同じと考えた「分段」には色法は存在するのか〟という問題である。

次に［5］ⓓの問いを考察したい。この問い意味は、〝「円教において、」「分段」だけであり、「変易」を立てないならば、その「分段身」の「体性」とは何か。始終二教の「分段」と完全に同一なのか、それとも別異なるのか〟、というものである。

［5］ⓔは、その解答と始終二教の「分段」の規定である。ここで凝然は〝円教の分段と三乗（の分段）とは別異である〟と、極めて明快に答えている。始終二教の「分段の身相」には、〝煩悩を縁

として、有漏業を因として受ける第八〔識〕の麁の異熟果〟（「煩悩為縁、有漏業因、所感第八麁異熟果」）と簡単に規定されている。この〝第八識の麁の異熟果〟というものが、始終二教の「分段身」の「体」であろう。

その後に続く部分は、始終二教の「分段」が「麁の異熟果」と呼ばれる理由が語られている。それは〝「肉眼」はただ「欲界」と「麁色」と「障内」だけを見て、「色界」と「細色」と「障外」を見ることは出来ない〟と説明される。ここで重要なことは、この〝第八識の麁の異熟果〟が「肉眼」を具えて、「欲界」と「麁色」と「障内」だけを見ることである。というのも、『五教章』［4］ⓒにあるように、円教の「分段身」は、〝「世界性」等以上の身分であり、「甚極微細」であり、諸々の天人を超越した存在〟なので、単なる三界の生存（「三有」）とは異質なものとされるからである。従って、このような特別の存在は、始終二教の「分段身相」とは同一ではない。

これに対して、［5］ⓔ最後の部分は始終二教における「変易身」の規定と思われる。ただし、「分段の身相」と比較して極めて簡略な記述である。特に、「異熟果」であることは言及されず、単に〝「変易身」は「分段身相」と全てが異なる〟と述べられるだけである。

さて、凝然の始終二教の「分段身」と「変易身」の「体」について、推論を交えてまとめれば次のようになる。

《凝然の始終二教の分段身と変易身の体》

分段身の体＝煩悩を縁として有漏業を因として感じる所の第八〔識〕の麁の異熟果、「欲界」「麁識」「障内」をだけを見る

変易身の体＝（第八〔識〕の細の異熟果）、「色界」「細色」「障外」を見る

次に［5］ⓕ冒頭では「一乗分段相」を規定している。それは〝「普見肉眼」であり、十仏世界や極微塵数刹土を見ることが出来、「世界性」等の身である。この分段身は「甚極微細」であり、諸々の天人を超越した存在〟というものである。概ね『五教章』［4］ⓒを踏襲した表現になっているが、「普見肉眼」という表現を繰り返し、その「肉眼」によって見られる世界が増補されている。ここでも凝然は「肉眼」を強調していることは明瞭であろう。

さて、この「一乗分段相」の規定中、最重要な一節は［5］ⓕの破線部と思われる。この［5］ⓕ破線部「雖言即是分段生身、与三乗教変易身同」に対応するのは、『五教章』［4］ⓒの「応同変易」である。法蔵は単に〝まさに変易と同じである〟と記述する。これに対して凝然は、〝これは分段生の身ではあっても、三乗教の変易身と同じである〟と記述している。従って、凝然は「変易」を「三乗教変易身」と解釈したことになる。そして、「小乗」は変易身を説かないので、「三乗教変易身」とは、実質的に始終二教の「変易身」を意味することになる。つまり、凝然は「一乗分段相」は始終二教の「変易身」と見做している。さて、この解釈は、法蔵の『五教章』［4］ⓒ「応同変易」の解釈として適切なのだろうか。

問題を整理しよう。第一に、法蔵は、円教において「不説変易」と主張している（［4］ⓐ）。それと同時に、法蔵は「応同変易」と

も述べているので、「普見肉眼」を獲得する「分段身」は、実質的に「変易」を意味するという、かなり複雑な論理を展開する。

法蔵は、この〝分段身でありがら実質的に変易身〟について、「如世界性等以上身分、甚極微細、出過諸天」（［4］ⓒ）と規定している。この内、「世界性等身分」は『五教章』「所詮差別」中「行位差別」、円教の「三約行明位」に解説されている。

［6］ⓐ三、約行明位。即唯有二。謂、自分・勝進分。ⓑ此門通前諸位解行、及以得法分斉処説。如普荘厳童子等也。ⓒ其身在於世界性等以上処住。当是白浄宝網転輪王位。得普見肉眼。見十仏刹塵数世界海等。ⓓ若三乗肉眼、即不如此故。（大正蔵四五、四八九下一五―二〇行）

まず［5］ⓕの「普見肉眼」云々の文章は［6］ⓒの傍線部「普見肉眼」云々を踏まえたものであることは明かであり、凝然は『五教章』［4］と［6］を密接な関係にあると想定したことは言うまでもない。この［6］のポイントは、「普見の肉眼」と「三乗の肉眼」が対比され、「普見の肉眼」が「十仏刹塵数世界海等」を見ることが出来るのは、〝「三乗の肉眼」とは異なるから〟（「若三乗肉眼、即不如此故」）と明記されていることにある。

さて、この「三乗の肉眼」は「分段身」なのか、それとも「変易身」なのか。『通路記』巻第四〇は、宋代の註釈書『析薪』『義苑』を引用した後に次のように述べている。

［7］彼小乗教、及三乗教肉眼分斉、皆明唯障内色、不見障外色、唯見麁色、不見細色、唯見欲界色、不見色界色。今一乗宗普見肉眼、不可思議。（大正蔵七二、五二九上二一―二四行）

［7］傍線部は、［5］ⓔ中、三乗教の「分段身」の規定と一致する。そして［7］文末には、〝「一乗宗の普見の肉眼」は「不可思議」である〟と述べているが、この「不可思議」は『勝鬘経』［1］の「不思議変易死」とは無縁ではないだろう。

凝然が「一乗分段相」＝「雖言即是分段生身、与三乗教変易身同」と考える理由は、［5］ⓕ破線部の直後に〝最上勝妙であり、極微細だから〟と示されている。ここから窺う限り、凝然は「普見肉眼」を円教特有の「肉眼」とは考えていないようである。即ち、〝最上勝妙であり、極微細〟である〝身体〟、それ自体は「三乗教変易身」と考えたのであろう。

この後に、凝然は『五教章』と『孔目章』を引用するが、両師の見解は完全に一致するわけではない。［5］ⓕの『五教章』「然此教中不分生死麁細之相」によれば、法蔵の見解は〝円教において生死の麁細の相を区別しないこと〟にある。それに対して、［5］ⓕの『孔目章』「変易身者、唯是分段生死細相」[15]によれば、智儼の見解は〝変易身は分段生死の細相である〟と〝麁細〟の区別を認める。この「変易身者、唯是分段生死細相」について、大竹晋氏は次のように述べている。[16]

インドの唯識派が分段生死と変易生死との《ママ》間に差を認めないのとはまったく異なる理由からであるが、智儼もまた分段生死と変易生死との間に差を認めず、変易生死を分段生死の細相と規定する。

この大竹氏の指摘は極めて重要である。しかし、法蔵の「然此教中不分生死麁細之相」と、智儼の「変易身者、唯是分段生死細相」を比較すれば、智儼は「分段身」における〝麁細〟の区別は捨てていない。凝然は智儼を支持していると思われる。というも、智儼の見解を前提にすれば、〝分段生死の細相を変易身〟と見做すことによって、円教における「変易身」を完全に放棄しないですむからである。

『五教章』と『孔目章』を引用した後、凝然は［5］ⓖに〝分段の外に別の変易はない。たとえこれは変易であっても、ただ分段と名づけるだけである。分段の麁細の体は、背き違うことはない、自然にそうであるから〟と、両説を折衷しようとしている。ここで、凝然は、智儼と法蔵の学説の間には矛盾が無いふりをして論述するが、ここで彼が実質的に支持するのは智儼であり、法蔵ではない。その結果、［5］ⓗにおいて、凝然は〝円教の中ではただ分段と名づける。その〔分段の〕相の極めて微細な部分（「其相極細」）は、三乗の変易と大いに同じである〟と結論づける。この「其相極細」は、智儼の学説に依拠して、はじめて言えることだろう。また、ここでも凝然は「還与三乗変易大同」と繰り返している。『孔目章』によって、実質的に円教における〝変易身〟を認める根拠を入手したのである。ただし、凝然は、『五教章』［4］「若依円教不説変易」を重視するので、円教の身体を〝分段〟と呼び、〝変易〟とは呼ばない。

従って、この点に限定すれば、凝然は「法蔵―澄観路線」を正統と見做しているわけではなく、実質的に智儼を支持しながら、智儼と法蔵の見解を折衷しようとしていることになる。ただし、凝然と智儼の学説は完全に一致するわけではない。その最大の問題は、智儼には、彼が「変易身者、唯是分段生死細相」と語りながらも、その「分段生死細相」について、『十住断結経』『摂大乗論釈』『十地経論』の一経二論の「中陰」の部分を引用するだけで、その「中陰」に対する教義的規定をしないことにある。[17]

四　『二種生死義』「第三出体」の読解（二）

さて、この『二種生死義』［5］には、まだ「円教」の「分段身」の「体」は解説されていない。それが解説されるのは、［5］に連続する次の［8］の一節である。

［8］然『五教章』所判円教分段身者、八識色根五蘊等報、分段所受皆悉具之。是故円教分段体者、微細極妙異熟報果四蘊五蘊以為体。（『二種生死義』巻第二、三七頁）

まず『二種生死義』［8］の冒頭において、凝然は〝『五教章』の判断によれば、円教の分段身は、八識の色根五蘊等の報であり、分段の所受は全てこれらを具足する〟と見做す。ただし、私見によれば、『五教章』には、このような円教の「分段身」の明瞭な規定は無い。例えば、『五教章』「所詮差別」中「第一心識差別」には、〝もし円教によれば、（中略）この理由により、十心を説いて無尽を顕す[18]〟と述べるだけで、円教が八識説か否かの明文さえない。また

『五教章』には、「八識色根五蘊等報」という「分段身」の規定だけでなく、「円教」に関する一切の「分段身」の「体」規定が無い。あるのは、「世界性等以上身分、甚極微細、出過諸天」という文章であり、これは教義的規定とは言えないだろう。つまり、法蔵の言う「円教」の「分段身」は、教義上何を意味するのか判らないのである。しかし、凝然は、その「分段身」を規定したい。その理由を推定すれば、この『二種生死義』「第三出体」は、道基の『摂論章』「二種生死義」中「出体門」を模範にしているからであろう。[19] そこで、凝然は、法蔵にその規定が無いことを隠すために、「然『五教章』所判円教分段身者」云々という規定を加えたのであろう。

凝然は『五教章』に「分段身」の規定があるように振る舞った後、それを根拠にして、「円教」の「分段身」の「体」を〝そのような理由によって、円教の分段身の体は、微細極妙の異熟の報果である四蘊・五蘊を体と規定する〟(「故円教分段体者、微細極妙異熟報果四蘊五蘊以為体」)と述べている。

この内、「微細極妙異熟報果」は、『成唯識論』[3]における「変易生死」の「殊勝細異熟果」の表現を踏襲しようとしている。

(一) 諸小乗の「分段」規定

さて、以上の考察が正しいとすれば、「微細極妙異熟報果四蘊五蘊」とは「三乗教」に根拠を求める必要がある。『二種生死義』「第三出体」は、小乗と始教の「体」に関する部分が散逸しているので、まず『通路記』を参照してみたい。『通路記』巻第四二「傍論」中「体」には、次のような記述がある。

[9] 問。二種生死。以何為体。答。諸小乗宗、唯明分段、不説変易。以不知故。毘曇成実二宗並説。三界生死、即善悪業所感 異熟四蘊五蘊為其体性。言四蘊者無色界報。言五蘊者欲色二界。(大正蔵七二、五四二下二〇—二四行)

『通路記』[9]によれば、〝「諸小乗宗」の内、「毘曇」と「成実」は、「分段」の「体性」を「異熟の四蘊五蘊」と規定している〟と述べる。この「異熟の四蘊五蘊」は「微細極妙異熟報果四蘊五蘊」の「微細極妙」を除けば、よく類似した表現である。ただし、「円教」の「分段身」は「三乗教変易」に相当するので、「微細極妙異熟報果四蘊五蘊」が「諸小乗教」の「分段」を受けたものとは言えないだろう。

(二) 道基の「変易」の規定

この他の可能性として考えられるのは、道基の『摂論章』の学説である。これは『二種生死義』巻第二の終教の「体」と、『通路記』「傍論」中の終教の「体」に関する記述の中で、殆ど同一の文章として引用されている。[20]

[10] ⓐ故道基『摂論章』云。「所言略者変易五陰、謂色与心」〈已上〉。ⓑ又云「果報者、六識八識四陰五陰無流果報」〈已上〉。ⓒ『彼章』第十一巻中、色心分別云。「変易聚中惑亦是心。若業及報体通色心」〈已上〉。ⓓ変易果報通於色心。基師所立、可以為例。若依此義、八地已上、所受変易亦通五陰。具足色心及八識等。(大正蔵七二、五四五上一三—二二行、『二種

生死義』巻第二、二〇頁）

この［10］によれば、凝然は道基の『摂論章』を三個所引用している。

［10］ⓐの逸文は〝簡略に言えば、変易の五陰は色と心である〟という見解。これによれば、道基は「変易」に「五陰」を認め、それを「色」と「心」（受行想識）に二分している。

［10］ⓑは〝〔変易生死の〕果報とは、六識・八識・四陰・五陰であり、無流の果報である〟という見解。この［10］ⓑの逸文は、『二種生死義』巻第四「第六約界料簡」にも引用され、そこでは「又云」として別の『摂論章』の逸文も引用している。[21] この「又云」の部分に、「答曰。変易生死無流果報」という文章があるので、［10］ⓑの「果報者、六識八識四陰五陰無流果報」は、道基が「変易生死」の「果報」について規定した部分と理解できる。ここにも「四陰五陰」の語があり、それは「無流」＝〝無漏〟と規定されているので、〝有漏〟の〝四陰五陰〟とは異なって、「微細極妙」であっても良いだろう。

さらに、［10］ⓒでは、『摂論章』巻第十一に色心を分別して、〝変易聚中の惑もまた心であり、業と報体は色心に通じる〟と述べている。ここでも「変易聚」は「色心」に通じる、というのがポイントである。

そして、『摂論章』の三種の逸文を引用した直後のⓓにおいて、凝然は〝変易果報は色心に通ず〟と結論し、〝〔道〕基法師の学説を範例とすべきである〟と支持を表明している。

実は、この道基の説は、〝終教の「変易死」の「体」は、ただ「心」だけなのか、それとも「色法」にも通じるのか。または、「本識」だけなのか、それとも「転識」にも通じるのか〟という問い[22]に対する、その最後の結論部分に引用されている。即ち、前者の問いに関して、凝然は道基の学説を支持していることになる。おそらく、円教の「分段身」の「体」に極めて近いからであろう。というのも、後述するように「三乗教変易」と同一とされる円教の「分段身」は、『法華経』「提婆達多品」の龍女、『華厳経』「入法界品」の善財童子を例示とするので、彼らが身体を持つことは明白だからである。

㈢ 今宗古徳私記の「変易」の規定

逆に、不支持を明言しないが、次の「今宗古徳私記」の見解は、道基の学説と一致しない。［10］は［11］に連続する文章である。

［11］今宗古徳私記之中。定断終教変易生死色心有無。「唯心非色、唯是梨耶、無其転識」。（『二種生死義』巻第二、二〇頁）

「私記」とあるので、おそらく日本華厳宗の学説であろう。「古徳私記」は、〝終教の変易生死の色心の有無を判断して、「ただ心だけで色に非ず」「ただ阿梨耶識だけで、七転識は無い」〟という見解である。この「私記」は「変易生死」から「色法」と「転識」を除外している。ただし、この「私記」の学説は、それほど特異なものではない。［11］より前に、次のような記述がある。

［12］ⓐ丘龍元暁『勝鬘経疏』上云。「如是三人所受生死、唯有異熟阿頼耶識、無余麁識及麁色根。是故名為意生身也」〈已

上〉。ⓑ『同疏』下云。「謂意生身、非色四蘊」〈已上〉。ⓒ此宗古徳、即引此文、成立終教変易体、唯是心法、不通麁心麁色之義。ⓓ賢首大師、其意大同。（『二種生死義』巻第二、八頁、大正蔵七二、五四三下一三―一八行）

この［12］ⓒでは、「此宗古徳」は、〝この文章を引用して、終教の「変易の体」は、ただ心法だけであり、「麁心」と「麁色」には通じないという説を立てた〟とされる。主張内容から判断して、この［12］ⓒの「此宗古徳」と［11］の「今宗古徳私記」は同一対象であろう。そして、彼は「此文を引く」と言う。「此文」は「古徳」の学説の根拠であるが、その範囲は確定できない。確実に入るのは［12］ⓑの元暁の『勝鬘経疏』巻下〝意生身は非色の四蘊である〟という文章である。これは『勝鬘経』［2］の「変易死」を受ける者に存在する「意生身」の解説と思われるが、元暁はこの「意生身」に色法を認めない。さらに、ⓐ『勝鬘経疏』巻上〝このような三人の所受の生死は、ただ異熟の阿頼耶識だけであり、その他の麁識と麁色根は無い。このような理由で意生身と名づける〟という文章も「此文」に該当する可能性はある。これも「意生身」の解説である。元暁は［12］ⓐにおいて〝「異熟阿頼耶識」だけを「意生身」に認め、「余麁識及麁色根」は存在しない〟と主張している。さらに、［12］ⓓによれば法蔵もまた同様の学説とされる。この法蔵の学説は、［12］の直前に引用される『大乗起信論義記』[23]の説であろう。

［13］『賢首疏』釈此文云。「以此業識、能資熏住地無明、迷於無相、能起転相現相等相続。令彼三乗人、雖出三界離事識分段麁苦、猶受梨耶變易行苦」。『筆削記』四釈云。「変易行苦者、三細生滅念念遷流。故上論云。動則有苦果不離因」。此解釈意者、変易生死、唯是梨耶微細心法。是故其体非麁識、亦非色法。（『二種生死義』巻第二、六頁、大正蔵七二、五四三下六―一三行）

ここで凝然は、〝この解釈の意味は、変易生死は、ただ〔阿〕梨耶〔識〕の「微細の心法」だけである。このような理由で、その「体」は「麁識」ではない、また「色法」でもない〟とまとめている。この法蔵の『起信論義記』も元暁と同じく、「色法」を除外しているようなので、凝然は「変易身」として支持することは難しいだろう。

従って、［8］「円教分段体者、微細極妙異熟報果四蘊五蘊以為体」に最も類似するのは、元暁でも法蔵でも「今宗古徳私記」でもなく、「摂論学派」の道基の変易生死の解釈ということになるだろう。

五　『二種生死義』「第三出体」の読解（三）

次の［14］は、『二種生死義』［8］に連続する文章である。

［14］ⓐ然一乗身有其三生。

ⓑ一見聞生。即是界内有漏実業所感所受麁異熟果。或悪趣生。翻別業故。即如地獄天子等例。或善趣果。順理業果、是□報故。

即如善財童子前生、及□□後遺法等中、見聞一乗凡夫等例。此等果報者、是極麁浅、大同三乗分段死体。（『二種生死義』巻第二、三七頁）

［14］ⓐでは〝一乗の身に三生[24]がある〟と述べる。つまり実際には、一乗では「見聞生」「解行生」「証入生」の三生の区分によって、その〝身〟は異なるのである。

その後に、［14］ⓑで「見聞生」について記述する。ここで注目したいのは、傍線部「大同三乗分段死体」である。［5］ⓕでは、「雖言即是分段生身、与三乗教変易身同」、ⓗでは「還与三乗変易大同」と述べられていたが、「見聞生」の場合は、「変易」ではなく、〝三乗分段死の「体」〟と同一ということになる。ここからみる限り、凝然は「一乗」において、実質的に〝分段身〟（見聞生）と〝変易身〟（解行生）を認めたことになる。しかも、その身体は三乗に同一である。この「見聞生」の「分段」は、〝界内の有漏実業が感じる所の麁の異熟果〟と規定されている。この規定は、［5］ⓔの始終二教の「分段」に一致している。

次に「解行生」については次のように述べている。

［15］　二解行生。即是界外離縛之生。由一乗法熏習力故。是故所感所得体、雖是分段、極微妙細出過諸天。全同変易。即所前明分段是也。（『二種生死義』巻第二、三八頁）

『二種生死義』［15］においても、まず傍線部「全同変易。即所前明分段是也」に注目したい。これまでの論述によって、この「全同変易」は〝三乗の変易〟を意味する。そして「即所前明分段是也」とは、『二種生死義』［8］を指す。［8］には、〝円教の分段身の体は、微細極妙の異熟の報果である四蘊・五蘊を「体」とする〟（「円教分段体者、微細極妙異熟報果四蘊五蘊以為体」）と述べられていた。［15］冒頭では、［14］ⓑと対比する形で、「解行生」の「分段」は〝界外の離縛の生〟と規定する。これは〝一乗法の熏習力により感じ得る所の「体」〟とも言われる。この［15］の後も「解行生」に関する記述は続く。

［16］ⓐ然見聞生、雖修一乗、未断惑障。雖法力大、未得無漏。是故一障一切障縁、一業一切業因、所感果報。一乗別教聞熏習力之所起故。軽薄無碍、非界繋法。然猶麁浅成細妙。解行生中即成細妙。

ⓑ然信満心已前色身是細中麁、未成極細。十信終心得法已後、翻彼一障一切障法、即得一断一切断果。翻其有漏一業一切業、即得無漏一行一切行、一成一切成、一証一切証。此等諸法、一一成満信位終心、如此得竟。

ⓒ是故其身雖是分段、微極微細勝妙深遠。即是法門所得分段。非是業繋所縛分段。是故当知。解行生中、未至十信終心之間、相似分得界外之身。一分軽薄分段果報。天勝於前見聞生之身。未及得已後之身、居両楹之間、為□照之報。然猶是其界外離縛不繋業身。

ⓓ是故於此解行生中、随其意願、受種種之身。或受留惑之身。如『法花』龍女等。或感離縛之身。如善財童子等。此解行生、不繋業報、受生随意、自在故爾。（『二種生死義』巻第二、三八

—三九頁）

［15］に連続する［16］から、「解行生」の〝分段身〟に関する記述を拾えば、ⓒに「法門所得分段」、あるいは「非是業繋所縛分段」、または「界外離縛不繋業身」と呼ばれている。ⓓには、その例示として、煩悩を留めた身を受ける『法華経』「提婆達多品」の「龍女」、離縛の身を受ける『華厳経』「入法界品」の「善財童子」を挙げる。彼らは、「意願」に随って、「種種の身」を受けたとされる。というのも、〝解行生は不繋業の報〟だからである。

次の［17］は［16］の少し後の文章である。

［17］寔是界外無漏之報、離繋自在之身。四蘊五蘊自在無礙、細異熟報以為体。（『二種生死義』巻第二、三九頁）

この［17］によれば、「解行生」の〝分段身〟は、〝離繋自在の身であり、その四蘊五蘊は自在であり礙無く、細の異熟報を「体」とする。この「体」の規定は、『二種生死義』［8］に一致する。

以上［14］―［17］によれば、凝然は「見聞生」に〝三乗の分段〟を、「解行生」に〝三乗の変易〟を想定し、実質的に「一乗」において、〝分段身〟と〝変易身〟を認めた。ただし、それはあくまでも「分段」と呼ばれ、「変易」とは呼ばれない。名称については、凝然は次のように言う。

［18］問。何故此身不名変易。極細勝妙過諸天故。答。ⓐ信位終心得法之身。既是肉眼、以此見故解行之身各分段故。ⓑ円教頓益、此分段身因円深故。ⓒ而至仏果弃二死故。ⓓ此分段身同変易故。ⓔ此分段身外、無所可得故。ⓕ若弃此身即可仏故。是故第二解行之身、唯名分段、不名変易。（『二種生死義』巻第二、三九頁）

この［18］には、単に「分段」と呼ばれる理由が列挙されている。内容は、主にⓐ「肉眼」の獲得と、ⓑ「円教頓益」以下に区別できるように思う。この内、ⓐの〝信位の終心は得法の身であり、すでにこれは「肉眼」である。この〔肉眼〕によって「見」るので、解行の身はそれぞれ「分段」である〟という意味だろう。つまり、凝然は、円教の身体が「分段」である理由は、第一に「肉眼」を有するからと考えている。ⓑ「円教頓益」とは〝円教の直接的な利益〟という意味であろう。ⓑには、〝この分段身の因は完全で奥深い（＝円深）から〟と、その理由が述べられている。これまでの凝然の論述から考えて、「肉眼」（＝「普見肉眼」）の獲得を重視していることは明かである。彼は、この「肉限」を獲得することによって、円教の衆生は、諸仏や諸仏国土を見通す能力を習得し、成仏の機縁になると理解しているからである。従って、ⓑ「円教頓益」も重要ではあるが、ⓐ「肉眼」の獲得こそ、凝然が〝ただ分段と名づけ、変易と名づけない〟ことに対する最も重要なことであろう。

さて、第三生の「証入生」についてはどうだろうか。次の［19］は［18］に連続していない。

［19］ⓐ三証入生。即是第三生中、証得極位果海。ⓑ此是第二解行終心、証入十仏自境処。非謂已前解行生外、

> 別世受生。唯是解行生之身上。ⓒ当知、見聞解行中間、各是隔世、別受其生。第二解行界外生中、各捨已前見聞界内繫縛生故。ⓓ第二第三生之中間、即是一生、解行即世。証果海故。（『二種生死義』巻第二、四〇頁）

『二種生死義』［19］では、凝然は「解行生」と「証入生」の関係から論述を始める。ⓑによれば、〝証入生は第二の解行生の終心であり、十仏自境処に証入する〟と述べる。さらに、ⓑ傍線部では、〝解行生の外に別の世に生を受けることではない。ただ、解行生の身の上だけである〟と述べている。これは実質的に〝二生〟[25]のみを認めることになるだろう。

凝然が〝三生成仏〟ではなく、〝二生成仏〟を主張したことは、野呂靖氏の論文に詳細に論証されている[26]。野呂氏は、主に『通路記』巻第四〇の記述を手掛かりにして考察された。『通路記』巻第四〇の成立は、延慶四年（一三一一）五月二十日、凝然七二歳である。これに対して、『二種生死義』巻第二の成立は、弘安三年（一二八〇）十月三日、凝然四一歳である。従って、凝然は四一歳の時点で、すでに〝三生〟ではなく、実質〝二生〟と解釈していたことになる。その理由は何か。［19］ⓒ「当知」以下を読解してみよう。

まずⓒ「当知」の下は「見聞生」と「解行生」の関係について説明している。その内容は、〝「見聞」と「解行」の中間はそれぞれ「隔世」であり、別の生を受ける〟というものである。ここでは「隔世」、あるいは「別受其生」と言われているので、凝然が「見聞生」と「解行生」の間に〝転生〟を認めていることは確実である。その理由として、〝第二の「解行」は界外の生の中にあり、それ以前の「見聞」たる界内繫縛の生を捨てるからである〟と解説している。この解説のポイントは、「見聞生」を〝三界の中の繫縛の生〟と見做し、「解行生」を〝三界の外の離縛の生〟と見做すことにある。

そして、ⓓ以下には、「解行生」と「証入生」の関係について解説される。即ち、〝解行生と証入生の中間は「一生」であり、解行が「世」である。果海を証すから〟と述べている。この［19］ⓓはⓑの繰り返しであるが、第二生と第三生を「一生」＝「解行」＝「世」と明記している。

さて、以上の考察によって、凝然が「見聞生」と「解行生」を「隔世」と見做し、「解行生」と「証入生」を「一生」と見做す理由は明瞭である。［14］ⓑと［15］の用語を使って説明すれば、「見聞生」は〝界内の有漏実業が感じる所の麁の異熟果〟であり、それは〝三乗分段死の体に大いに同じ〟身体である。これに対して、「解行生」は、〝界外の離縛の生〟であり、それは〝〔三乗の〕変易と同一〟の身体である。凝然は、この前二生は〝二種の分段身（実質的に、分段身と変易身）〟に対応すると考えた。そして、第三生は修行の所依となる身体を持たないので、第二生と第三生を区別しない。［19］ⓐによれば、凝然は第三生を〝極位の果海を証得す〟と定義する。これは仏果の獲得を意味し、後に引用する［22］傍線部によれば、第三生は「仏」そのものである。従って、凝然の〝二生成仏〟の根拠は、〝二種の分段身〟を前提にし、その〝第二種の分段身（実質は変易身）〟の他に、これ以上の修行の所依となる身体を想定できないからである。

次の問答［20］は［19］に連続する。

[20] ⓐ問。若爾何故第三名生。生者要是応隔世故。ⓑ答。解行終心、即入果海。解行証入唯是一身。ⓒ然対其因、顕果極妙。為成此別、証入名生。ⓓ「弥勒菩薩告善財云。我当来世成正覚成時、汝当見我」者、即由此意。ⓔ故『教章』下、引此文已而判断云。「当知此約因果前後分二位。是故前位但是因円、果在後位。〈故〉説〈当見我〉也」。〈已上〉ⓕ由此義故、証果海位亦名為生。非是隔世果報生也。即可名言是法門生。（『二種生死義』巻第二、四〇頁）

[20] ⓐの問い〝もしそうならば、なぜ第三を「生」と呼ぶのか。生は必ず「隔世」とすべきではないか〟は、凝然の立場から生じる必然的な問いである。ⓑの答えでは、まず〝解行生の終心に果海に即入する。解行生と証入生はただ一身である〟と述べて、[19] ⓑⓓの見解を確認している。「一身」の語を用いているのが特徴的である。[20] ⓒ以下は、それにもかかわらず「第三」を「生」と呼ぶ理由を示す。ⓒには〝その因に対して果の極妙なることを顕す。この〔因果の〕区別を成立させるために、「証入」を「生」と名づける〟とある。即ち、〝「因」と「果」の差異を示すために、「証入」を「生」として独立させた〟ということである。

[20] ⓔでは、『五教章』㉗から〝因果の前後という観点から二位に区別する。この理由より、前位（解行位）はただ因の完全なることであり、果は後位（証果海位）にある。〟という一節を引用し、凝然は自説の妥当性の根拠としている。即ち、解行生と証入生（証果海位）の関係は、あくまでも因果の前後であって、〝「隔世果報生」ではなく「法門生」と言うべきである〟というのが凝然の結論である。『五教章』をⓔの部分だけ抜き出すと、確かに凝然の解釈も成立するように見える。しかし、『五教章』中巻「諸法相即自在門」の記述を参照すれば、解行生と証入生は「隔世」と見做す方が自然な解釈であろう。

[21] 解行終心因位窮満者、於第三生、即得彼究竟自在円融果矣。（大正蔵四五、五〇五下二四―二五行）

ここに「第三生に於いて」と言われているので、「第三生」は文字通り、解行生とは異なった「生」を前提にしている可能性が高いだろう。㉘ただ、ここでも〝因果〟について言及されているので、「隔生」ではなく、〝因果〟の立場からの会通も可能かもしれない。㉙

次の[22]は[20]に連続する。

[22] 問。此第三生、二死中何。答。此第三生、既即是仏故、非分段、亦非変易。已離二死、廓然無寄。二障使習永断無余。自証果海・十身毘盧・唯仏与仏内極境界。等覚・十地不能窺■。三賢二乗遠隔思議、機宜離之。根縁絶之。唯証相応自受法楽。若寄言明、即不可説、亦不可思。離機根故。離教説故。此是果分不可説義。（『二種生死義』巻第二）

この[22]傍線部によれば、凝然は〝第三生はすでに仏なので、分段でも変易でもない〟と主張している。この[22]は少し奇妙な問答である。というのも、円教が「不説変易」（[4]）ならば、当然、「此第三生、二死中何」という問い、あるいは「非分段、亦非変易」「已離二死」という答え自体が成立しないからである。凝然は祖師の言葉である「不説変易」の一節を正面から否定できない。しかし、法蔵は円教において実質的に変易身を認めている、と凝然は解釈しているのである。そして、この問題に決着をつけようと、凝然は『二種生死義』「第三出体」で次のように述べている。

[23]　又円教之中、本無変易。言生死者唯是分段。亦不可言分段生死。唯是生死。強言分段。故離生死、唯離分段、即不可言離変易死。故『教章』云「但以此教不分生死麁細之相。総就過患以為一際」〈已上〉是故此教唯云生死。全不可二生死別、而云分段。且約根本強立名。不可偏計。（『二種生死義』巻第二、四二頁）

この『二種生死義』[23]には、凝然の苦慮が滲み出ている。すでに、凝然は[5]ⓕ破線部にて「雖言即是分段生身、与三乗教変易身同」と言い、[5]ⓗでも「円教之中唯名分段。其相極細、還与三乗変易大同」と明言している。これは、〝円教における分段身は三乗の変易身と同じである〟ということを意味する。それにもかかわらず、凝然は祖師法蔵の言葉を尊重し、その用語法を限りなく踏襲するために弁明を繰り返す。その結果、この[23]では、〝本来変易は存在しない。また分段生死とも言うべきではない。ただの生死である。強いて分段と名づけているだけである〟と、凝然は法蔵の意図を解釈している。その上で、〝だから、生死を離れることは、ただ分段を離れることであり、変易死を離れるとは言うことは出来ない〟と述べ、「雖言即是分段生身、与三乗教変易身同」と語ったことを打ち消すような説明をせざるを得ないのであろう。そして、『五教章』[4]の「此教不分生死麁細之相」を再び引用し、〝全く二種の生死を区別することは出来ないが、敢えて分段と言う。それは根本について強いて名づけたものであり、偏計すべきではない〟と結論づける。

しかし、これまでの論述から考えて、凝然の意図は、円教の「分段身」とは「三乗教の変易身に同じである」ことを、明確にすることにある。法蔵のように、両者を曖昧にすることではないだろう。

さて、最後に「三生」に依拠して、『二種生死義』巻第二「第三出体」を図式化すれば、次のようになるだろう。[30]

《円教における凝然の「分段身」の理解》

見聞生 — 分段身（界内の繋縛の生、有漏、麁の異熟果、三乗の分段身）
解行生 — 分段身（界外の離縛の生、無漏、細の異熟果（四蘊五蘊）、三乗の変易身）
証入生 — 無し

六　結　論

以上の考察により、本論文では以下のような結論を得られた。第一に、凝然の『二種生死義』「第三出体」は、『通路記』巻第四二「傍論」の「体」のオリジナルの論考に相当する。このことから、「傍論」の他の項目、「開合」「因縁」「発業潤生」も同様と想定される。従って、四一歳の段階で、凝然の二種生死に対する見解は完成しているとみてよい。

また、法蔵の〝三生成仏〟を、実質的〝二生成仏〟と解釈している点についても、同様に『二種生死義』においてすでに完成し、それを『通路記』に転用している。(31) 凝然が、「三生」中「前二生」を「隔世」と見做す最大の根拠は、「見聞生」と「解行生」とに、異なった二種の分段身を配当することにある。後代になると、この二種の分段身を順に「過患の分段」と「法門の分段」と呼ぶようである。(32)

法蔵の言葉と矛盾しないように配慮しながら、凝然は積極的に「三乗」の分段身や変易身と、円教の〝二種の分段身〟との間に共通性を見出し、積極的に結びつけようとしている。それは、円教の分段や変易が概念的規定を伴わない用語だからであり、その意味を明瞭化しなければ、その思想的位置も確定できないと考えたからであろう。

今後の課題として、『二種生死義』の全文の翻刻をできればと考えている。

（おかもと　いっぺい・慶應義塾大学）

註

（1）「示観」は「示観房」という房号である。その典拠は、凝然『円照上人行状』中に「示観房凝然、受生与州」（東大寺教学部、一九七七年、一〇頁上一一行、『続々群書類従』第三史伝部、四九四頁上一三行）とある。『円照上人行状』は、正安四年（一三〇二）三月六日に擱筆しているので、凝然六三歳までは「示観」は確実に房号である。これに対して今日「示観国師」と表記することもある。一般に、徳治二年（一三〇七）に、凝然が後宇多法皇に菩薩戒を授けたことを契機に国師号を与えられたと考えられている。しかし、上記の凝然自身の記述により、少なくとも一三〇二年までは「示観」は国師号ではない。凝然を国師と見做す場合、次の三つの可能性を想定する必要がある。①固有の国師号は与えられなかった。②「示観」を国師号に転用した。③固有の国師号は伝承されず、すでに失われている。藤丸要氏に「国師」の記載は『律苑僧宝伝』に出ると教示していただいた。藤丸氏の学恩に深く感謝したい。私は、「示観」が房号であることは確実なので、「示観房」と表記する。凝然の著作と伝記については、藤丸要『凝然と東大寺』（『龍谷紀要』第二八巻一号、二〇〇六年九月）、一〇三―一　五頁参照。また、凝然の華厳学については、藤丸要『華厳宗要義講読』（永田文昌堂、二〇一四年七月）参照。本書は藤丸氏より一部頂戴した。これについても、藤丸氏の学恩に感謝を献げる。

（2）なお、私が『華厳二種生死義』を含む東大寺所蔵の貴重な資料を調査・閲覧できたのは、東大寺と東大寺図書館のご厚意の賜物である。ここに深い感謝の意を記しておきたい。本文献を含む東大寺所蔵資料の調査は、二〇一三年二月、五月の二度にわたり、神奈川県立金沢文庫の主導により実施された。本調査の目的は、金沢文庫の展覧会「特別展　東大寺―鎌倉再建と華厳興隆―」（開催期間、二〇一三年一〇月一一日から一二月一日）のためである。多忙の最中、調査の便宜を図って下さった、東大寺図書館の坂東俊彦氏に特別の感謝の意を記しておきたい。

（3）拙稿「東大寺図書館所蔵　凝然『華厳二種生死義』について」（『東アジア仏教研究』第一二号、二〇一四年五月）、一七一―一八九頁参照。

（4）『勝鬘経』の「二種死」に関する最近の研究成果として、松本史朗「『勝鬘経』の思想的立場」（同『仏教思想論』下、所収、大蔵出版、二〇一三年五月）、三七七―五二二頁参照。この松本論文は、〝三乗真実説〟の立場から『勝鬘経』を考察し直すものであり、『勝鬘経』自体の考察として極めて重要である。本文〔1〕〔2〕の読解の上で、松本氏の和訳〔7〕〔10〕と解釈を参照させていただいた。

（5）慧遠『大乗義章』巻第八「二種生死義」に「分段生死、有漏業因、四住為縁。故『勝鬘』云。「又如取縁、有漏業因而生三有。取猶愛也。（中略）変易生死、無漏業因、無明為縁。故『勝鬘』云。無漏業因、無明為縁、生阿羅漢辟支仏等」（大正蔵四四、六一七中二〇―二六行）とある。

（6）和訳に際して、後掲大竹書（後註8）、九五頁を参照した。

（7）図表の作成に際して、後掲大竹書（後註8）、九六頁を参照した。また基『成唯識論述記』巻第八末に「論。如契経説至三種意成身。述曰。此成於前意成身名。如勝鬘経説。摩利迦此名鬘者、即末利夫人也。此夫人之女、名摩利室羅即勝鬘也。彼説如似。「以取為縁」、即煩悩障。「有漏業因」、即正因業。由惑潤故。「続後有者而生三界」之有。此挙分段因

果、以況変易。如是五住地中「無明習地為縁、」即所知障。「無漏業因」、即有分別業。」（大正蔵四三、五三六中五—一二行）とある。これは『成唯識論』巻第八所引の『勝鬘経』（本文引用番号［2］に相当部分）を『成唯識論』［3］によって会通した解釈である。従って、基は『勝鬘経』と『成唯識論』の「二種生死」説は類似の立場と見做したことになる。『勝鬘経述記』巻下（新纂続蔵一九、九一一下二〇—九一二上一九）に対応部分あり。

（8）大竹晋『唯識説を中心とした初期華厳教学の研究—智儼・義湘から法蔵へ—』（大蔵出版、二〇〇七年）、九五—一二四頁参照。

（9）湛睿『五教章下巻纂釈』第九によれば、『義苑』を引用した後で、「案云。不説変易、略有二意。一者、惑無漸破故。既於発業之煩悩品、不見麁細。何論受身於麁細哉。二者、一生究竟故。既不仮長劫之修行。何要増寿変易哉。又、不改此報命、頓成行布。故亦不可有別尽別生之変易」（日仏全一三、七一〇下四—九行）とある。第一の理由は、『義苑』を踏襲するものであり、「煩悩を段階的に破壊することは無いので」という内容。第二の理由は、「一生に仏果に至るから」という内容。第二の理由には、「この報命を変化させないで、直接的に行布を完成させる」ということが加えられている。

（10）法蔵『五教章』巻下「何名信満。答。由信成故。」（大正蔵四五、四九〇中四—五行）。また、これは「信満成仏」にとって変易身は不必要だからであろう。

（11）法蔵の「信満成仏」については、吉津宜英『華厳一乗思想の研究』（一九九一年、大東出版）、三七六—三九四頁参照。

（12）巻第二の冒頭の文章は「次約終教大乗出二種生死体者」であり、第三門の正確なタイトルは確定できない。巻第二の末尾の文章「上来総是出体門竟」によって仮題として「出体」と呼ぶ。

（13）道基の生年に関する最新の研究は、池田將則「道基の生涯と思想—敦煌出土『雑阿毘曇章』巻第三（S二七七＋P二七九六）「四善根義」を中心として」（船山徹編『真諦三蔵研究論集』所収、京都大学人文科学研究所、二〇一二年）、二七五—二七八頁参照。

（14）前掲拙稿（前註3）参照。

（15）智儼『孔目章』巻第三「生稠林章」に「変易生死、只是分段細相」（大正蔵四五、五七四上一八行）とある。

（16）大竹前掲書（前註8）、九七頁。

（17）この中陰については、大竹前掲書（前註8）、九七—一〇一頁参照。

（18）『五教章』巻下に「若依円教、（中略）故説十心以顕無尽」（大正蔵四五、四八五中七—一〇行）とある。

（19）拙稿（前註3）、一八七頁、引用番号［18］『摂論章』の逸文に「且変易中果報相者、出体門中、破真諦三蔵言」とある。これによれば、『摂論章』「二種生死義（仮題）」には「出体門」がある。

（20）厳密に言えば、『通路記』巻第四二「傍論」の終教の「体」の記述は、『二種生死義』殆ど転用に転用であり、文章上もほとんど一致する。

（21）前掲拙稿（前註3）、引用番号［20］の逸文参照。

（22）『二種生死義』巻第二「問。此終教中変易死体、為唯局「心」、為通「色法」。又心法之中、為唯取「本識」、通其「転識」耶」とある（六頁）。『通路記』巻第四二（大正蔵七二、五四三下二—四行）。両文献には若干の文字の異同がある。

（23）法蔵『大乗起信論義記』（大正蔵四四、二七〇下）。

（24）「三生」の語は法蔵も使用する。しかし法蔵は、「見聞位」「解行位」「証入位（証果海位）」を用いても、「見聞生」「解行生」「証入生」を使わない。語尾に「生」を加えるのは、澄観の『華厳経随疏演義鈔』巻第二「又、此経宗明三生円満。一見聞生、二解行生。即上二句。三証入生。即下二句」（大正蔵三六、一二上二一—二三行）等の用例にある。凝然は「三生」の個別の名称について、澄観を模範にしていたと推定される。

（25）馬淵昌也「唐代華厳教学における三生成仏論の展開について」（『駒沢大学仏教学部論集』第三六号、二〇〇五年）、二四五—二六三頁。馬淵氏は、澄観と宗密は「二生成仏」を認めていたと理解している。馬淵氏の引用文をみる限り、澄観も宗密も分段身と変易身に言及していない。従って、同じ〝二生〟であっても、凝然とはその根拠が全く異なる。

（26）野呂靖「日本華厳における三生成仏に関する諸師の見解」（『龍谷大学大学院文学研究科紀要』第二八号、二〇〇六年）、五一—六六頁参照。野呂氏は、『通路記』所引の『華厳経問答』を、凝然の「二生成仏」の論拠として重視している（五七—五九頁、六三頁）。しかし、『二種生死義』巻第二には、『華厳経問答』は引用されていないので、必ずしも必要な文献とは言えないかもしれない。むしろ、野呂氏も指摘するように（五九頁）、分段身を二種に区別することの方が、重要と思われる。

（27）『五教章』巻下（大正蔵四五、四八九下）。

（28）吉津宜英『華厳禅の思想史的研究』（大東出版社、一九八五年）、九二

一九三頁。吉津氏は『五教章』[21]の前後を含め引用し、「ここに明確に見聞・解行・証入の三生成仏が示される。信満成仏は少なくとも三生にわたる修行を必須とすると説く」と述べている。私にも、[21]に関する自然な解釈と思われる。

(29) 私は、『五教章』の「三生」は、通例どおり〝三つの生〟と解釈することの方が自然と考える。しかし、その場合は別の問題を生じるだろう。それは証入位を〝仏果〟とすれば、第三生に転じた直後に〝仏果〟を獲得することになる。奇妙な論理ではないだろうか。また、第三生に転じて暫くしてから〝仏果〟を獲得するならば、その時の〝仏果〟を得るまでの身体は何なのか。法蔵は証入位の身体について語らない。

(30) 図式化に際して、野呂前掲論文(前註26)、五六頁を参照した。

(31) 『通路記』巻第四〇、「三生成仏」の解釈の末尾に、「具如愚草『五教賢聖章』第五十七八九三巻、立十種門。狩文明義」(大正蔵七二、五二七下二四—二五行)とある。おそらく、凝然の「三生成仏」の解釈は、『華厳五教賢聖章』において成立していたと推定される。本文献は、巻第二一の写本だけ東大寺に現存する。図録『特別展 東大寺—鎌倉再建と華厳興隆』(金沢文庫、二〇一三年一〇月)、一三一頁参照。

(32) 湛睿『五教章下巻纂釈』第九に「見聞生是過患分段。〈至信満後、頓変之〉、非過患分段之法門分段」(日仏全一三、七一一上)、『五教章下巻聴抄』巻下に「文意、分段、法門分段過患分段、二種有之。古来南都等義云。善財、今生見聞解行生、法門分段也。先世遇一乗法見聞功徳力、所得今世身、法門分段也。如常世間業力不依、非過患分段也〈今頓翻者法門過患二種分段〉。円戒房義云。信満已前過患分段。信満已上、法門分段也。善財法門分段者、解行生也。見聞生、猶過患分段也」(日仏全一三、一四二上下)。この内、円戒房禅爾の解釈は、凝然の見解に近いように思われる。本文引用番号[14]と[16]ⓒⓓ参照。凝然は[16]ⓒに「法門分段」を使用するが、「過患分段」については確認できていない。

唐招提寺金亀舎利塔と戒律

内藤　栄

はじめに

奈良・唐招提寺の金亀舎利塔（図1）は、わが国の舎利信仰にとって記念碑的とも言うことのできる存在である。中に安置する舎利はわが国に戒律を伝えたことで知られる鑑真和上が請来したもので、中世以降「招提舎利」とも呼ばれ、空海が請来した舎利と並びわが国でもっとも信仰を集めた舎利であった。また、亀座に宝塔を載せる形式はわが国の舎利塔ではきわめて珍しく、今日このスタイルの塔婆は筆者が把握しているところ金亀舎利塔以外に四基が知られているに過ぎない。この特異な形式は研究者たちの関心を呼び、亀座の意味や、誰がどのような教義に基づいて作ったのかなど、様々な議論が行われてきた[1]。

金亀舎利塔についてこれまで注意されてこなかった問題に戒律との関係がある。鑑真が仏舎利を携えて来日した目的について、東野治之氏は鑑真将来の『関中創立戒壇図経』に戒壇の内部に舎利を埋納するよう説かれていること、東大寺の戒壇に聖武天皇の遺骨が籠められているという、舎利埋納を連想させる伝承が見えることに注目し、戒律普及のために舎利を将来したことを指摘している[2]。言ってみれば、招提舎利はわが国の戒律にとって、根本本尊ともいうべき存在であったことになろう。戒律復興の機運が高まっていた中世において、招提舎利が戒律復興のシンボルに位置付けられたことは

図1　金亀舎利塔（奈良・唐招提寺）

十分に考えられ、それを納める舎利塔が戒律を全く意識せずに造立されたとは考えがたい。

　本稿は、金亀舎利塔の造形が密教の世界観に基づいていることを指摘したうえで、『関中創立戒壇図経』に説かれる古代インドの戒壇に仏教の世界観である須弥山が表現されていたことに注目し、インド以来の戒壇の伝統に則り亀座に載る舎利塔という稀有な造形が現れたことを指摘する。さらに、それを指揮した人物として醍醐寺で真言密教を学び、後に戒律復興を願い唐招提寺に移住した実範（?〜一一四四）を推定したいと考えている。

　なお、筆者は既に金亀舎利塔について一本の論文を発表した（内藤二〇一三）。本稿はその続編に当たるもので、第一章から第三章で前稿の要旨を述べ、第四章で金亀舎利塔と戒律との関連について論ずることとしたい。

一　亀座舎利塔の登場

　唐招提寺において舎利塔に関する記録が現れるのは平安時代後期（十二世紀）以降である。主な記録を挙げ、舎利塔の変遷を見ることにしよう。

（1）『七大寺日記』（嘉承元年〔一一〇六〕）

金堂東宝蔵、鑑真和尚所二伝持給一之三千余粒仏舎利、金銅塔形納レ之、可二拝見一之。

（2）『殿暦』（永久四年〔一一一六〕二月二十六日条）

申剋許昭(ママ)提寺別当僧相二具舎利一来、件舎利籠二銅塔一、々有二同金蓮華一、其下亀形以木造之、塔内有二瑠璃壺一、其内有二舎利一。

（3）『七大寺巡礼私記』（保延六年〔一一四〇〕）

宝蔵一宇

在二金堂東一、鑑真和尚将来之三千余粒仏舎利、納二白瑠璃壺一安二銅塔一、其塔壁者銅唐草所二堀(掘カ)透一也、作二亀形一、其上置二荷葉之台一、〃上安二件塔一、依レ有二勅封一不レ開レ塔、只依二瑠璃一透徹所二拝見一也、

（4）『諸寺建立次第』（建久六年〔一一九五〕〜建保四年〔一二一六〕）

僧房東有レ蔵、納二和尚所レ持和(舎カ)利一也、奉レ分二国王大臣等一残三千粒也、銅塔内、瓔珞《ルリ》(瑠璃)□(ノカ)《ツボ》箇中安二置之一、肉骨髪三種舎利相交也、仏塔四面有二金剛界四方仏形一、繞レ仏有二唐草一、毎レ葉□(有カ)二種々梵字一、塔下有二銅蓮花一、其茎六七寸許也、（中略）招提寺日記云、大唐終南山道宣律師門流、鑑真和尚建立也、彼所持御舎利ハ、瑠璃壺入テ亀上ニ負タリ、（後略）

　（1）『七大寺日記』は承和二年（八三五）に撰述された『招提寺建立縁起』に次ぎ、招提舎利に関するもっとも古い記録であり、十二世紀初頭における舎利の安置状況を伝えている。ここには鑑真将来の仏舎利三千粒は金銅塔に納められ、金堂東の宝蔵に安置されていると見えるだけで、亀座については記されていない。（2）によれば、十年後の永久四年二月二十六日、『殿暦』の著者である藤原忠実を唐招提寺の別当僧が訪ねてきたが、その僧は銅塔を携えており、塔は下に金の蓮華と木製亀形があり、塔の内部には舎利を籠めた瑠璃壺があったという。亀座が木製であるという点は異なるが、亀座上に蓮華がのり、その上に宝塔を据え、内部に舎利壺を安置すると

いう現行の金亀舎利塔のスタイルが、この時点で成立していたことがうかがえる。（3）『七大寺巡礼私記』はさらに二十四年後の記録である。舎利塔は銅製で塔身壁面に唐草の透彫があり、その中に仏舎利三千粒を納めた白瑠璃壺が安置され、透かしを通して舎利の拝見ができたこと、塔は亀形の上に蓮華の葉をかたどった座を設けた上に安置されていたことがわかる。亀座の上に蓮華ではなく荷葉があるという記述を除き、（3）に見る舎利塔の形状は今日見る金亀舎利塔の姿ときわめて近い。（4）『諸寺建立次第』はそれから半世紀ほどが過ぎた鎌倉時代初期の記録である。それによれば鑑真将来の仏舎利三千粒は肉・骨・髪の三種で銅塔内の瑠璃壺に安置され、塔の四面に金剛界四仏があり、仏をめぐる唐草文には葉ごとに種々の梵字があったという。塔の下に径六、七寸の蓮華があったと見えるが、亀座には触れていない。この記述は、塔の四面に金剛界四仏が安置されていたこと、四仏の周囲に唐草があり葉ごとに梵字があったことなど、以前の記録にはない新しい要素を見ることができる。しかも亀座に言及していないため（4）の舎利塔は金亀舎利塔とは別の舎利塔とする見解もある（金子二〇〇〇）。しかし、金剛界四仏を四方に配したことは塔本体を金剛界大日に見立てたことを物語っており、後に述べるように密教の教義から成立したと推定される亀座の舎利塔の教義と矛盾しないことは注意すべきであろう。むしろ、鎌倉時代初期における招提舎利安置の舎利塔の荘厳を伝えている可能性を考慮する必要がある。

以上より、永久四年において唐招提寺に亀座に宝塔を据えた形式の舎利塔が存在したことがわかる。とりわけ、『七大寺巡礼私記』の記述は今日の金亀舎利塔を彷彿させるに十分なもので、ここに見える舎利塔が金亀舎利塔に該当すると考え、金亀舎利塔の製作を平安時代後期に置く説もある（守田一九六五、金子二〇〇〇）。しかし、次章で述べるように、金亀舎利塔の様式に平安時代後期に遡る要素を見ることは難しく、金亀舎利塔が『七大寺巡礼私記』に書かれた舎利塔に該当するか否かは慎重を期す必要があろう。

二　金亀舎利塔の様式

金亀舎利塔の製作年代に関しては、平安時代後期から末期説（十二世紀半ば～末）と鎌倉時代説（十三世紀）の二説がある。ただし、平安時代後期から末期説を唱える研究者も、塔全体をこの時期の作と考えているわけではなく、部分的に平安時代後期から末期の箇所を残しつつ、後の時代に大規模な改造を受けていると論じている。たとえば、鈴木友也氏は金亀舎利塔の各部は四期にわたるといい、オリジナルの部分は塔身初層部、同上層部、亀甲、亀首で、それらは平安時代末期の製作と述べている（鈴木一九六九）。また、金亀舎利塔研究の草分けである守田公夫氏も塔身の蓮唐草文の透彫に注目し、この部分に平安時代後期の特徴が顕著であると述べた（守田一九六五）。すなわち、平安時代後期から末期説の論拠は主に塔身部の透彫の様式にあり、この様式をどのように判断するかで金亀舎利塔の製作年代に対する見解は大きく変わってくることになる。そこで、この章では塔身の様式に注目して考察することにしたい。

㈠　塔身の形

金亀舎利塔の塔身初層は肩を丸くした円筒形で、扉は設けず全面に蓮唐草文を透彫している。文様は未開敷蓮華の先端より左右に分かれる枝が伸び、蔓はさらに細かく枝分かれし、蕨手状に巻いている。未開敷蓮華は上向き、下向きが各々四個で、初層を一周するように交互に配置されている。上層は四方に扉のある円筒形の軸部に、高欄付きの縁をめぐらしている。

金亀舎利塔の塔身の形は、側面が垂直に立ち上がり、肩は比較的強く張る。これを平安時代後期の作である、東京国立博物館の金銅宝塔（法隆寺献納宝物、保延四年〔一一三八〕頃）（図2）、山口・防府天満宮の金銅宝塔（承安二年〔一一七二〕）、福岡市美術館の金銅宝塔（平安時代後期〔十二世紀〕）と比較すると、この三点は側壁にふくらみがあり、肩はなで肩であるなど、金亀舎利塔のそれとは大きく異なっている。むしろ、金亀舎利塔の塔身の形は、鎌倉時代の作である奈良・西大寺の金銅宝塔（文永七年〔一二七〇〕）（図3）や同寺の鉄宝塔（弘安七年〔一二八四〕）、愛知・性海寺の木製宝塔（弘安四年〔一二八一〕）などの、垂直に立った側壁と強く張った肩の表現に共通する感覚を持っている。ただし、この三作品と比較すると金亀舎利塔の塔身は直径に対して高さが低く、その分安定感に富んでいる。その点は平安時代後期の宝塔に通じる要素と言え、平安時代後期と鎌倉時代後期の中間に位置する形であると考えることができる。

図2　金銅宝塔（東京国立博物館、法隆寺献納宝物）

図3　金銅宝塔（奈良・西大寺）

(二)　透彫の文様

金亀舎利塔を平安時代後期から末期の作とする説の主要な根拠は、塔身部に透彫された唐草文様の表現にある。この唐草文様は一部に宝相華の葉に似た部分があるため、平安時代後期に流行した宝相華唐草文と認識したものと思われるが、実際には平安時代後期における宝相華唐草文の透彫表現とは大きく異なる点に注意する必要がある。

金亀舎利塔の塔身の透彫文様（図4）は、先端が丸くなったC字型（蕨手状）の蔓が細かく枝分かれするもので、宝相華風の小さな

図５　金銅透彫華鬘（岩手・金色院）

図４　金亀舎利塔塔身（部分）（奈良・唐招提寺）

図６　木造如意輪観音坐像光背（奈良・法隆寺）

葉がわずかに蔓の分岐点に現れる程度で、文様の主体はC字型の蔓である。これを平安時代後期から鎌倉時代における透彫の唐草文様と比較しよう。

まず、平安時代後期における基準作である、天治元年（一一二四）建立の岩手・中尊寺金色堂の堂内具である金銅透彫華鬘（図５）を取り上げよう。この作品は密に大小さまざまな花や葉を配置し、それを繋げるように蔓が広がり、花・葉・蔓が緊密に融合した優美な唐草文様を見せている。同様の特徴を持つ宝相華唐草文は、久寿元年（一一五二）に造立されたとされる京都・峰定寺の十一面観音坐像の光背にも見ることができる。

一方、鎌倉時代の正嘉二年（一二五八）に作製された奈良・法隆寺の木造如意輪観音坐像の光背（像は中国・唐代）（図６）では、透彫文様の主役はC字型の蔓であり、花や葉は先の平安時代後期の二作品に比較すると著しく少ない。これと近似する透彫文様は、年紀はないものの鎌倉時代の作と推定される大阪・四天王寺の銀鍍金光背に見ることができる。また、建長四年（一二五二）造立の奈良国立博物館の十一面観音三尊懸仏（館蔵品番号工―二七九）の光背、正嘉元年（一二五七）造立の岐阜・神宮寺の虚空蔵菩薩懸仏の光背、鎌倉時代の作と推定される奈良国立博物館の金銅光背（館蔵品番号工―一一四）のように、透彫文様をC字型の蔓だけで構成し、花や葉は表さない例も散見することができる。

　また、年紀銘がないため製作時期が抑えられない点が残念であるが、宝相華唐草文の透彫を施した同形の器物を平安時代後期と鎌倉時代とでそれぞれ製作したものに、滋賀・神照寺の金銀鍍透彫華籠がある。平安時代後期の華籠（図7）は中央付近に三個、周辺近くに六個の大き目の花を規則的に配置し、間を蔓で埋めている。蔓には葉や小さな花を随所に交え、花・葉・蔓が一体となった優雅な宝相華唐草文となっている。それに対し、鎌倉時代の華籠（図8）は中央付近に六つ、周辺近くに十数個の大き目の花や葉を配置する点は平安時代後期の華籠に準ずるが、配置には規則性が乏しく、そしてもっとも大きな違いは花と葉の間を埋める文様はC字型の蔓だけで、小さな花や葉はほとんど用いられていない点である。同じ文様の器物を製作しようとしたにも関わらず、鎌倉時代の華籠は平安時代後期の品とはかなり様式的に差異が生じており、両時代における宝相華文の透彫表現のスタイルの違いが如実に表れている。

　以上の成果をもとに金亀舎利塔の塔身の透彫表現を見ると、C字型の蔓が細かく枝分かれして器面を覆う様子は、鎌倉時代の特徴を良く示していると言えよう。従来、平安時代後期から末期説の主要な論拠とされた部分であるが、平安時代後期から末期の要素は認め

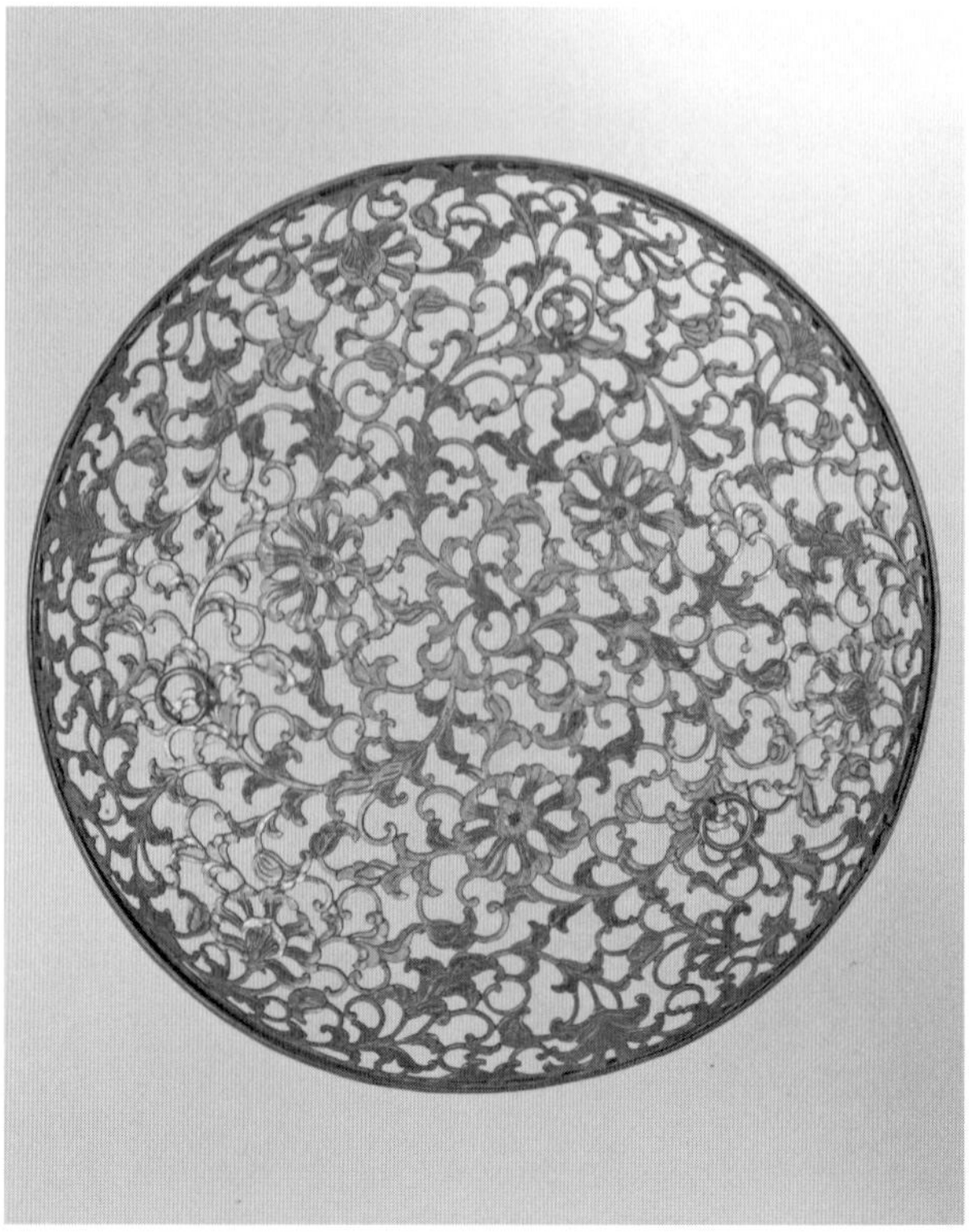

図７　金銀鍍透彫華籠（平安時代後期、滋賀・神照寺）

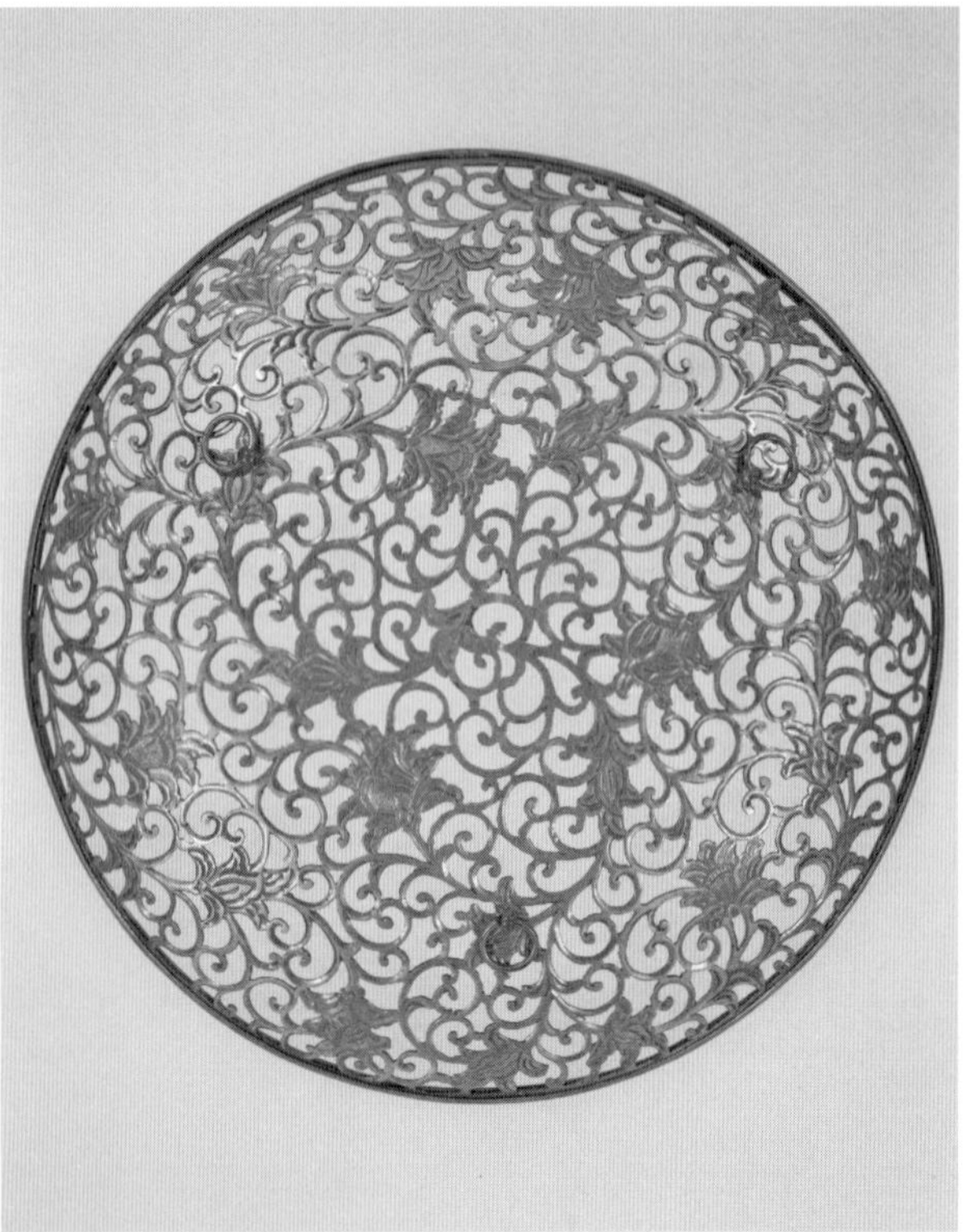

図８　金銀鍍透彫華籠（鎌倉時代、滋賀・神照寺）

ることができない。

(三) 塔身天蓋の文様

金亀舎利塔の塔身内部の天井には天蓋があり、各花弁に半裁された菊花文とそれから伸びる宝相華文が線刻されている(図9)。宝相華文は三弁で両脇の弁先は巻き返り、中央の弁から二本、両側の弁からそれぞれ一本のC字型の蔓が伸びている。このような半裁された菊花文と宝相華文とを組み合わせた文様は、年紀銘のあるものでは仁治二年(一二四一)の銘を有する山形・法音寺の金銅種子五鈷鈴の蓮華座部分、建長四年(一二五二)の奈良国立博物館の十一面観音三尊懸仏の吊金具鐶座部分(図10)を挙げることができ、年紀銘のないものでは大阪・四天王寺の銀製鍍金光背の光脚部分、千葉・小網寺の金銅種子五鈷鈴の蓮華座部分など、鎌倉時代の作例を挙げることができる。このうち、法音寺の五鈷鈴の蓮華座の文様は、鈴座という狭いスペースに表されたため宝相華文は半裁された菊花文の左右に覗くだけとなっているが、宝相華文の弁先が巻き返る点は金亀舎利塔の天蓋文様と共通する。また、奈良国立博物館の十一面観音三尊懸仏の吊金具鐶座の文様は、半裁菊花文の三方に花弁を広げた形の宝相華文を表すなど相違も認められるが、基本的な文様パターンは共通する。金亀舎利塔の天蓋の文様は十三世紀半ばを中心に流行したことがうかがえる。

図9　金亀舎利塔天蓋(部分)(奈良・唐招提寺)

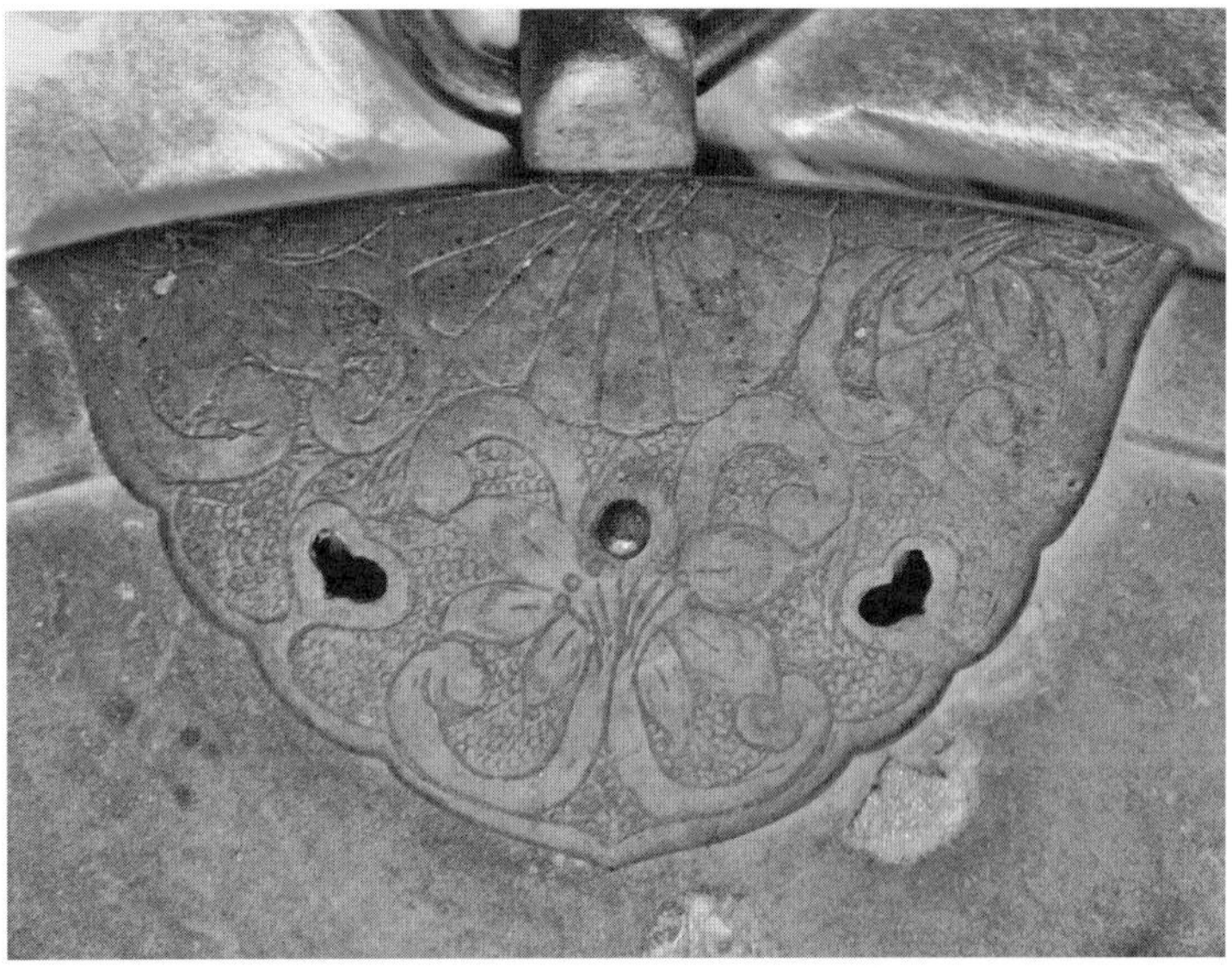

図10　十一面観音三尊懸仏吊金具(部分)(奈良国立博物館)

㈣　金亀舎利塔の製作年代

以上の検討をまとめれば、金亀舎利塔の塔身部分には鎌倉時代前期から中期（十三世紀前半から半ば）の様式が認められ、平安時代後期から末期に遡る要素を見出すことは難しいことがわかった。塔身以外の部分に関しては、先行研究において鎌倉時代以降と推定されており、筆者も概ねそれに従って良いと考えている。したがって、様式から金亀舎利塔の製作年代は鎌倉時代前期から中期を導き出すことができる。

この成果を鎌倉時代における唐招提寺の歴史に位置付け、金亀舎利塔が製作された時期を推定してみたい。鎌倉時代の前期から中期にかけての唐招提寺の活動で注目されることは、舎利の礼拝空間が整備されたことである。すなわち、建仁三年（一二〇三）に貞慶が招提舎利を本尊として釈迦念仏会を始め、仁治元年（一二四〇）には舎利殿が建立された。さらに、正嘉二年（一二五八）舎利とともに釈迦念仏会の本尊である釈迦如来立像が造立され、弘安七年（一二八四）に至り釈迦念仏会の道場である礼堂が再建された。このうち、十三世紀前半から半ばと推定した金亀舎利塔の様式年代と合致し、金亀舎利塔の造立にもっとも関連が深いと考えられる事績は、仁治元年の舎利殿の建立であろう。舎利殿の建立に合わせ、釈迦念仏会の本尊にふさわしい荘厳を備えた舎利塔が必要とされ、旧来の舎利塔に代わり金亀舎利塔が製作された可能性は十分に考えられる。

したがって、『殿暦』記載の木製亀座の舎利塔はじめ、『七大寺巡礼私記』に見る亀座の舎利塔、及び『諸寺建立次第』に見える宝塔は、いずれも現行の金亀舎利塔には該当しないと考えるべきであろう。本稿では金亀舎利塔以前に存在した亀座の舎利塔を、金亀舎利塔との混同を避けるため「亀座舎利塔」と称することにする。

三　亀座舎利塔をもたらした人物

舎利塔が亀座に載ることの教義的な典拠については、これまで多くの研究者が論じており、これが瑜祇塔と関連することは概ね認められている。瑜祇塔説を分りやすく説いた小林暢善氏は『金剛頂経蓮華部心念誦法次第』を用い、真言密教の宇宙観に亀座に載る宝塔の教義があることを述べている（小林一九八九）。小林氏によれば、真言密教の世界観では五輪塔を逆さにした五大、すなわち空輪（円もしくは宝珠形）・風輪（半月）・火輪（三角）・水輪（円）・地輪（方形）を積み上げた上に須弥山世界が観想されるが、須弥山世界は下部に地輪と同体である金亀がおり、その背より生じた大蓮華上に須弥山が載り、山の上空には毘盧遮那仏以下の聖衆がおり金剛界系の曼荼羅を出現させ、さらに毘盧遮那仏は塔婆と同体であるという。金亀舎利塔の教義的典拠は小林氏の論考で言い尽くされている感がある。

では、このような密教教義はどのようにして唐招提寺にもたらされたのであろうか。再び亀座舎利塔が初めて記録に登場する『殿暦』永久四年（一一一六）二月二十六日条に注目したい（28ページ参照）。この日、春日社に参詣していた藤原忠実のもとを唐招提寺の別当僧が訪ねてきたが、別当僧は舎利を籠めた瑠璃壺を安置する銅塔を携えており、塔の下には木製の亀形があったという。『招提千歳伝記』実範伝によれば、同じ年に実範が唐招提寺の伽藍の修理を上奏したことから、忠実に会った別当僧は実範と考えて良かろう[3]。この時忠実は関白という要職にあり、実範は上奏の仲介を依頼するため忠実を訪ねたものと推測される。晩年に出家し東大寺と比叡山で受戒するほどに信仰心の厚かった忠実にとって、招提舎利の拝見は仲介を承諾するに十分な事件であったと想像される。おそらく実範は招提舎利を唐招提寺復興のシンボルとして位置づけ、善知識の協力を求めるのに用いたのであろう。

『招提千歳伝記』によれば、実範は最初興福寺で学び、後に醍醐寺に移り真言密教を学んだ。春日社で七昼夜祈禱した際、夢で好相を観じて唐招提寺に向かったが、寺は荒廃し一僧が田を耕すばかりであった。その後、実範は中川に寺院を建て根本成身院と名付け、さらに唐招提寺に移住したという[4]。永久四年において、招提舎利を安置する銅塔は木製の亀座に載っていたというが、亀座の舎利塔は密教の世界観を表現していることから、亀座舎利塔を作製させた人物は、醍醐寺で密教を学んだ実範がもっとも可能性が高いと思われる。

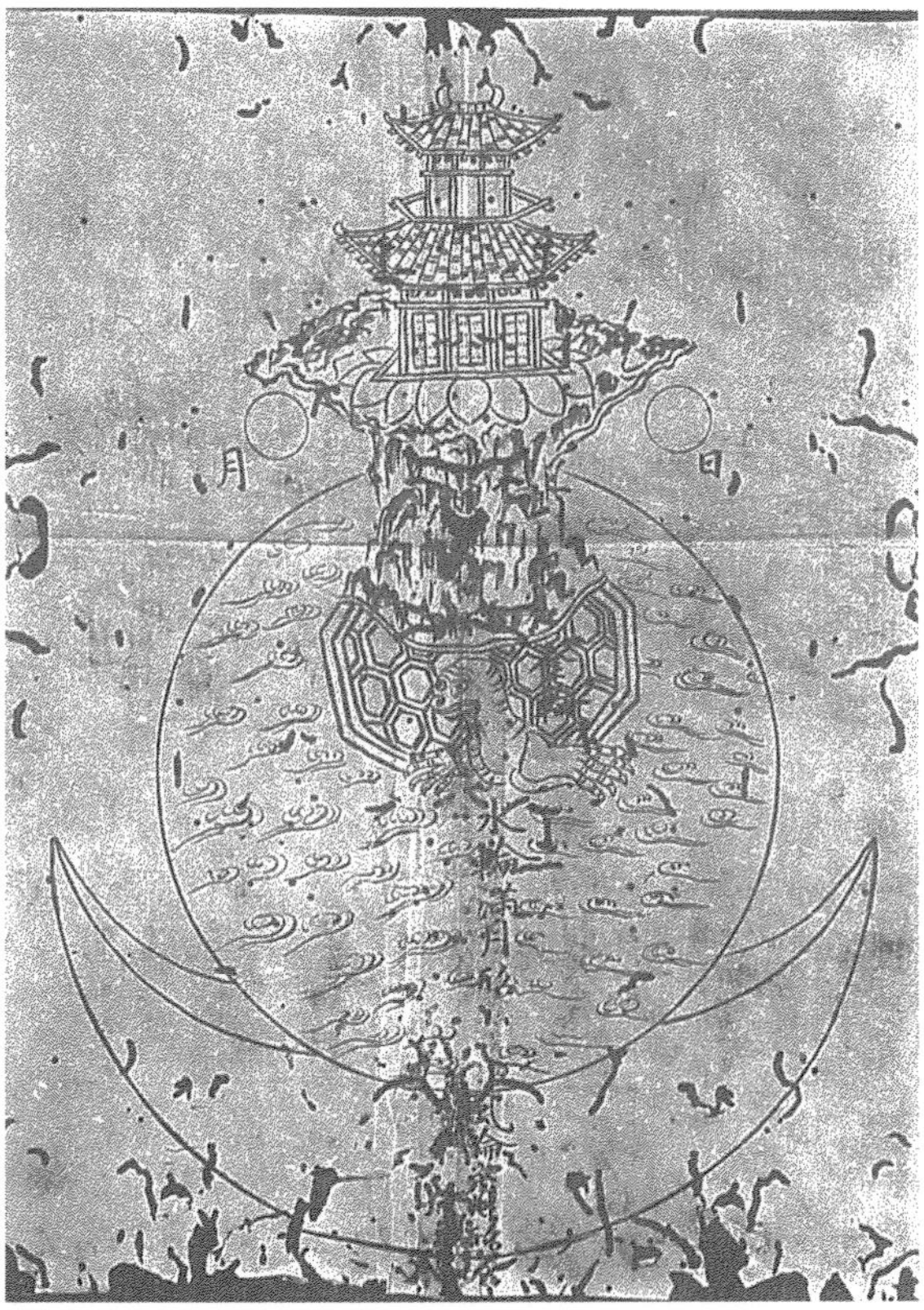

図11　密教観想道場図（『秘蔵記』）

さて、亀座が須弥山を支える教義が書かれた書物として、守田公夫氏以来しばしば先行研究で取り上げられてきた資料に『秘蔵記』（大正図像一―一一中）がある。本書がとりわけ注目されるのは、付属する二点の「密教観想道場図」の存在による。これは、三日月型の風輪の上に円形の水輪を載せ、その中に「金輪」と注記された一匹の亀を表し、亀の背に須弥山と楼閣を載せ、須弥山の左右に日月を描くというものである（図11）。亀が背負うものは塔婆ではないが、仏教世界を亀が背負っているという構図が、亀座舎利塔との関連性を想起させる。さて、『秘蔵記』には、この図が表す世界観について次のように解説されている。

密教観想道場如レ図

顕教所レ立世界成立与二密教所レ観之意一。雖二理殊一其体不レ異。今依二顕教一。劫章曰。未レ始二成劫一時。虚空如二黒穴一。都無二物類一。経二二十増減一是下方虚空観意。方始起二成劫一。成劫有レ二。一成二外器世間一。二成二有情世間一也。外器世間者梵天等成立也。衆生世間者衆生成立。總云二器世界一也。梵天成畢方漸起二風輪一。其体堅固如二半盤像一密教之風輪観之意似也。其風輪量広大無数。以二大千一為二一輪一周二囲世界一。次成二水輪一。其体如レ車密教所観水輪観是。金蔵雲遍二布三千界一。雨滴如二車軸一積成レ輪。深厚十一億二万踰繕那也。衆生業力故水不レ散便成レ輪。又風輪被レ鼓不レ散。次成二金剛輪一。其状方角密教所観金輪如金亀是也。衆生業感故別有レ風起撃二此水一。其上結成レ金。如二熟乳凝一成二金輪一。其厚三億二万踰繕那。直径十二億三千四百五十踰繕那。周囲其辺成二三倍一也。其一踰繕那者俗法三十里也。釈家十五里次金輪之上成二九山八海一也。大風鼓撃成二山地一。先成二立妙高山王一亦名蘇迷盧亦名須弥山。（後略）

要約すると次のようになる。世界の始まる前、虚空は黒い穴のようであったが、やがて梵天は外器世間を作るために風輪を起した。その形は半盤状で大きさは広大無辺であった。次に水輪が生じたが、その形は車輪のようであった。次に金剛輪が生成したがその形は方形で、密教で観ずるところの金輪（地輪）であり、形は金亀のようであった。金輪の上方に九山八海そして須弥山が生ずるという。

また、中世の醍醐寺において亀座に載る須弥山に瑜祇塔を載せる教義が存在したことが、醍醐寺に伝わる白描図像「瑜祇塔図」よりうかがうことができる（図12）。これは三日月型の風輪上に円形の水輪を載せ、その中を泳ぐ亀の背に須弥山が立ち、さらにその上に五本の相輪を有する瑜祇塔を表した図像である。墨書によれば弘法大師御筆といい、披瀝の許されない秘伝であったが、醍醐寺座主の実継（一一五四～一二〇四）が仁和寺の最寛（一一三一～一二一〇）の請いにより写しを与えたが結局仁和寺では伝承されず、正本は醍醐寺の三宝院において守り伝えられているという。

問題は実範が『秘蔵記』の世界観や「瑜祇塔図」に見る亀座の瑜祇塔に対する知識を有していたか否かにある。これについては、実範は自著『大経要義鈔』第五（日本大蔵経二四―六七一上）の中で、『秘蔵記』の「諸仏は遍法界身なれば吾身は諸仏身中にあり。吾身は遍法界身なれば諸仏身は吾身中にあり。」（原漢文）（大正図像一―三下）という一文を引用していることから、実範が本書を読み、自著に引用するなど重視していたことがわかる。また、実範は『大経要義鈔』において、塔に関する自身の考えを述べた中で塔と五大との関連について言及している。

図12　瑜祇塔図（京都・醍醐寺）
（『研究紀要21』〔醍醐寺文化財研究所発行、平成18年〕より複写）

問。仏説二六大一為二法界体性一者何処説耶。（中略）五大種子即是五字《ニシテ》、順逆《ニ》旋転《スルヲ》名為二旋陀羅尼一。修習即是語密相応也。此乃以二入法界体性三昧一、而顕二所習五字一即是法界体性。若爾可レ謂金剛頂経明二六大一為二法界体性一。且就二有形一説レ五除レ識。如二彼法性窣覩婆一耳。瑜祇経云。時金剛界《ノ》如来復説二窣覩婆法界普賢一字心密言一云云。私案。窣覩婆既是法界、故五大亦是法界也。如レ云二一法界心一雖三識大名二法界一有形為レ塔。（後略）

これは、六大すなわち五大に識を加えたものを法界体性とするのはどこの説であるのか、という問いに対して実範が答えたものである。実範は、五大種子は五字であり、五大を逆転させたものを「旋陀羅尼」と称すると述べているが、これは『秘蔵記』などに見る世界の生成に関わる教義である。さらに実範は「かつ有形に就き五（大）を説き識を除く。かの法性窣覩婆のごとし。瑜祇経にいう。時に金剛界の如来また窣覩婆法界普賢一字心密言を説く、云々。私に案ずるに、窣覩婆は既にこれ法界、故に五大はまたこれ法界なり。」と述べている。実範は六大から識大を除いた五大を法性卒塔婆であると述べているが、実範とほぼ同時期に活躍した醍醐寺の実運（一一〇五〜一一六〇）は『瑜祇経秘決』において、亀座のある塔を「法性不二塔婆」と呼んでいる。[5] すなわち、実範は自身の考えとして塔は法界であり、五大も法界であると述べており、これより実範が塔と五大を同体と見なしていたことがうかがえる。『秘蔵記』において世界の生成に関する教義の中で金亀を地輪に当てた五輪観が説かれていること（ただし、空輪と火輪は書かれていない）、実範が同書を引用するなど重視していたことを考慮すれば、実範が考えていた五大を造形化した塔とは、亀座を有する塔であった可能性は十分にあると考えられる。

　以上見てきたように、実範は亀座の塔婆に関する知識を十分有していることが確認でき、この形式の塔婆を五大、すなわち世界を表現していると認識していた可能性が高いことを推測した。唐招提寺に亀座舎利塔をもたらした人物は、実範がもっともふさわしいと考えることができる。

四　亀座の舎利塔と戒壇

　では、実範はどのような理由で亀座舎利塔を招提舎利の容器として用いたのであろうか。この問題を考えるには、実範が戒律あるいは戒壇をどのように認識していたかを知る必要がある。

　幸い実範には『東大寺戒壇院受戒式』という戒律に関する著書があり、戒律や戒壇に対する実範の考えを知ることができる。その中で実範は、執筆に際して道宣の『四分律刪繁補闕行事鈔』、大覚の『四分律行事鈔批』、玄惲の『毘尼討要』、道宣の『関中創立戒壇図経』、法進の『東大寺授戒方軌』を参照したと記している。このうち、『関中創立戒壇図経』は古代インドにおける戒壇の形や荘厳を記した書物で、鑑真が請来し、わが国における戒壇の建立に大きな影響を与えたと推定される。[6] 本書には釈迦在世中に建立された祇園精舎における三基の戒壇に関する記述があるが、その形状が須弥山を彷彿させるものであり注目される（大正蔵四五―八〇八下）。

（前略）依別伝云。戒壇従地而起。三重為相。以表三空。為入仏法初門。散釈凡惑。非空不遣。三空是得道者遊処。正戒為衆善之基。故限於三重也。昔光明王仏制。高仏之五肘。表五分法身。釈迦如来減為二肘半。上又加二寸為三層也。其後天帝釈又加覆釜形於壇上。以覆舎利。大梵王又以無価宝珠。置覆釜形上。供養舎利。是則五重。還表五分法身。以初層高一肘。二層高二肘半。三層高二寸。則三分也。帝釈加覆釜。則四重也。梵王加宝珠。則五重。五分具也。初仏在世。祇桓園中立戒壇訖。大梵王所施宝珠。大如五升瓶。大福徳者見之。光照八百由旬。薄福徳者見之。如聚墨也。如来一代常在戒壇。及仏涅槃。珠亦随没。尊者大迦葉結集之時。珠復還来。阿難滅度。此珠還去。後大梵王乃以明珠替処。以供養舎利也。珠下以宝蓮華用承之。作九龍以承華足。（後略）

要約すると次のようになる。戒壇は三重で、これは三空を表している。昔、光明王が戒壇の高さを仏の肘五つ分と定め、これを五分法身になぞらえた。釈迦如来はそれを肘二つ半に減らし、上に二寸を加えて三層とした。その後帝釈天が釜形を被せて舎利を覆い、梵天は宝珠を釜形の上に据えて舎利を供養した。これで五重となり、五分法身を表すとした。この宝珠の下には蓮華座があるが、九匹の龍が華足（蓮華の茎か）を承け、帝釈天と梵天が二つの珠を捧げ、舎利を供養していた。金の蓮華で足（帝釈天と梵天の足か）を承け、下には金の柱があり、柱の下には獅子がいた。

右の舎利を覆う釜形とはインドのストゥーパの塔身部を思わせる形であり、おそらく舎利にふさわしい荘厳として採用されたのであろう。釜形の上において宝珠の蓮華座を捧持する九龍や、宝珠を持する梵天と帝釈天がどのような意味を持つのかが興味持たれるところであるが、『関中創立戒壇図経』によれば祇園精舎の鍾台にも九龍が表現されるなど、戒壇と近似した荘厳が行われていた（大正蔵四五―八〇八上）。すなわち、

（前略）初祇桓戒壇北有二鐘台一。高四百尺。上有二金鐘一。重十万斤。荘厳希有。下有二九龍盤像一。龍口吐二八功徳水一。時欲レ受レ戒人至二場壇所一。龍便吐水灌頂。如二転輪王昇段受位灌頂之相一。（中略）其鐘台如二須弥山形一。在二大池中一。九龍出レ頭。構結盤住。諸梁柱等安二龍頭上一。（後略）

これによれば、祇園戒壇の北に鐘台があり、高さは四百尺で上に金鐘があった。鐘の重さは十万斤で、荘厳は類例のないものであった。鐘の下には九龍のいる盤があり、口から八功徳水を吐き出し、授戒する者はこの水で灌頂する。その鐘台の形は須弥山の形のようであり、大池の中で九龍が頭を出し、柱や梁は龍の頭上に立っていたという。右の記事で注目すべき点は鐘が須弥山をかたどっていたと記されていることである。さらに、八功徳水とは須弥山の周囲を巡る八山の間にある海のうちの七海が具えている水であり[7]、九龍は東大寺の大仏蓮弁線刻画（奈良時代、八世紀）（図13）における須弥山の基部に描かれているように須弥山の意匠である。したがって、祇園精舎の戒壇の釜形も九龍が表されたことから須弥山をかたどっていたと考えることができる。

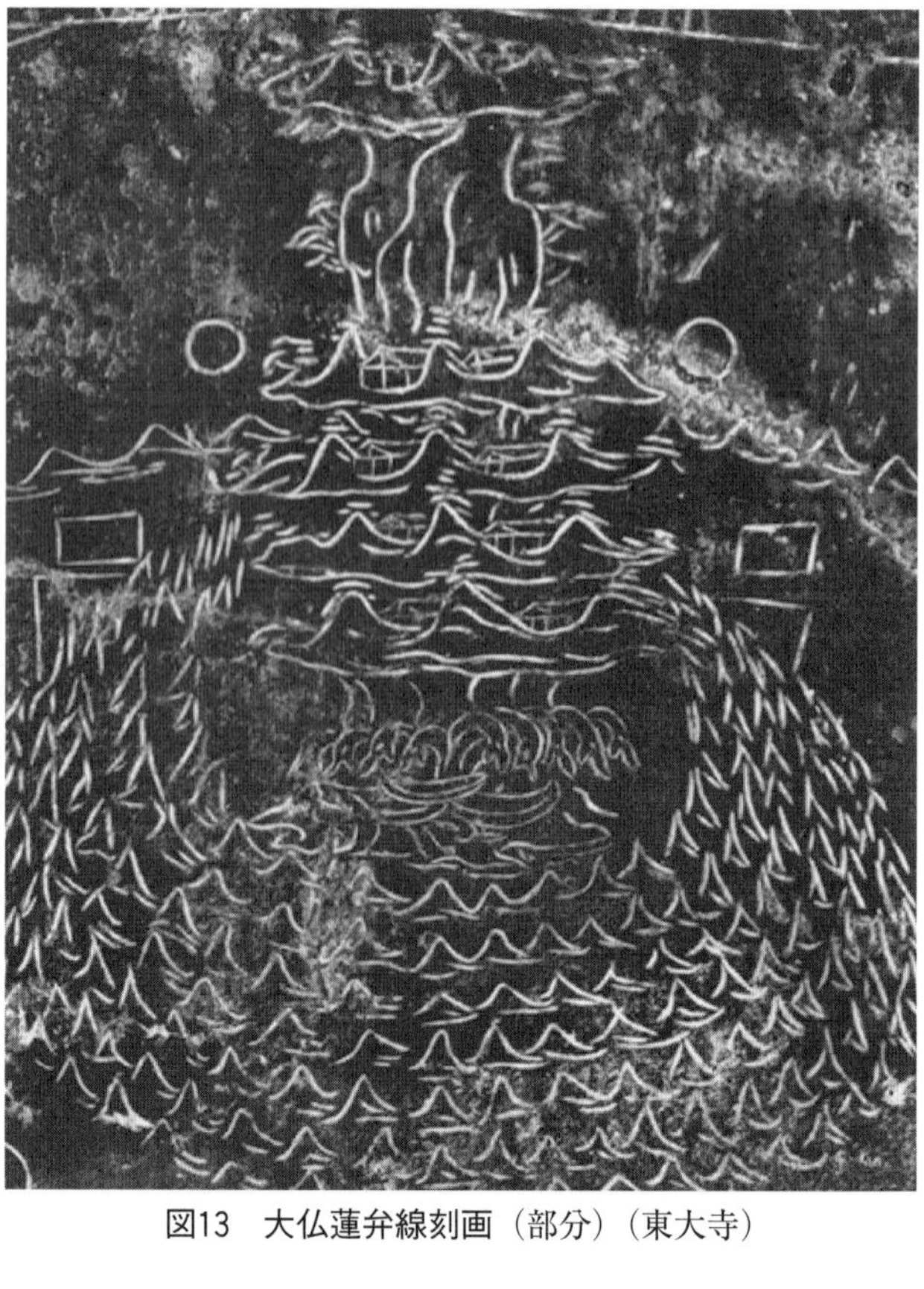
図13　大仏蓮弁線刻画（部分）（東大寺）

『関中創立戒壇図経』によれば、インドの諸寺はそれぞれ戒壇を有していたといい、一例として烏仗那国（ウッディヤーナ）の東石

戒壇が挙げられている。この戒壇について須弥山との関連が言及されているので、その箇所を見ることにしよう（大正蔵四五―八〇九上）。

又述㆓烏仗那国東石戒壇之事㆒。此則東西雖㆑遠。壇礼相接矣。其壇相状。下之二重以㆑石砌累。如㆓須弥山王形㆒。上下安㆓色道㆒。四面壇身並列㆓龕窟㆒。窟内安㆓諸神王㆒。其両重基上並施㆓石鉤欄㆒。欄之柱下師子神王間以列㆑之。両層四角立㆓高石柱㆒出㆓於壇上㆒。柱外置㆓四天王像㆒。既在㆓露地㆒。並鐫㆑石為㆑之。使㆓久固㆒也。四角欄上石金翅鳥銜㆑龍於上。表㆓比丘既受戒已常思惑業而制除㆒也。戒壇周囲布列㆓神影㆒者。表㆓護持久固之相㆒也。（後略）

これによれば、この戒壇は下の二段が切石を積み上げたもので、それは須弥山を思わせる形であり、四面の龕に諸神王を安置していた。上下段とも石の高欄があり、欄の柱の下には獅子や神王が並び、両段の四隅には高い石柱が立ち、その外側に四天王像が置かれていた。四隅の欄上には龍をくわえた石造の金翅鳥があり、戒壇の周囲は神像が守護していたという。ここで注目されることは、戒壇全体が須弥山をかたどっていたとされることで、戒壇には須弥山に住むとされる四天王や龍をくわえた金翅鳥などの須弥山を構成する要素が荘厳された[8]。

以上より、古代インドにおいて須弥山に擬して戒壇が作られたことがうかがえ、実範は『関中創立戒壇図経』を通してその情報を得ていた可能性が高い。実範は唐招提寺に移住し、招提舎利を安置する舎利塔の荘厳する際、インド以来の伝統に則り、かつ鑑真が請来した書物に基づき、須弥山を造形化した荘厳を選択したのではなかろうか。その際、『関中創立戒壇図経』の戒壇に見るような九龍が表された須弥山ではなく、亀座舎利塔という五大思想に基づく密教の須弥山の図像を選択した。実範が学んだ醍醐寺には、白描図像「瑜祇塔図」に見るように亀座の宝塔の教義があり、実範はそれを招提舎利にふさわしい塔婆として採用したのであろう。実範の真言僧としての矜持を見る思いがする。

終わりに

以上、金亀舎利塔とその前身塔に当たると推定した亀座舎利塔をめぐって考察を行ってきた。そして、唐招提寺において永久四年（一一一六）に亀座舎利塔が初めて確認され、これは醍醐寺から移住した実範が作らせたと考えられること、亀座舎利塔は密教の須弥山世界を造形化したものであり、実範が『関中創立戒壇図経』に見えるインドの戒壇が須弥山に擬されていることに倣って採用したことを推測した。

実範は戒律と唐招提寺の復興に向け、善知識たちに鑑真の遺徳を訴え、彼らの喜捨を募る必要があった。その際、中世のわが国において厚く信仰されていた舎利は、彼らの信仰を勝ち得る恰好のシンボルとなったことであろう。とりわけ、招提舎利は鑑真ゆかりの舎利として貴顕の信仰心に訴える力は大きかったと思われる。実範は他の舎利との差別化を図り、さらに戒律復興のシンボルにふさわしい塔婆として、古代インドの戒壇の伝統を受け継ぐ亀座舎利塔を用いたものと推定できる。

（ないとう　さかえ・奈良国立博物館）

註

（1）金亀舎利塔に関する主な論文、解説には次のものがある。本文中、左記の研究を掲示する際は、（ ）内に研究者の姓と発表の西暦を示した。
・守田公夫「唐招提寺蔵「レース」と「金亀舎利塔」に関する研究」（奈良国立文化財研究所十周年記念学報（学報第十四）、奈良国立文化財研究所編集・発行、昭和三十七年〔一九六二〕五月）
・鈴木友也「舎利容器」（『奈良六大寺大観』第十二巻「唐招提寺一」解説、岩波書店、昭和四十四年〔一九六九〕二月）
・河田貞「金銅宝塔（金亀舎利塔）及び舎利容器など」（『仏舎利の荘厳』解説、奈良国立博物館編集、同朋舎、昭和五十八年〔一九八三〕十月）
・小林暢善「真言密教の宇宙観―道場観を中心として」（『美と宗教のコスモス2　アジアの宇宙観』所収、講談社、岩田康平・谷村彰彦編、平成元年〔一九八九〕一月）
・金子典正「唐招提寺所蔵「金亀舎利塔」について―亀が舎利塔を背負う形状の由来―」（『東洋美術史論叢』所収、吉村怜博士古稀記念会編、雄山閣出版、平成十一年〔一九九九〕二月）
・金子典正「唐招提寺所蔵金亀舎利塔と実範」（『日本宗教文化研究』第四―一、平成十二年〔二〇〇〇〕）
・内藤栄「唐招提寺金亀舎利塔の成立」（『美術史歴参　百橋明穂先生退職記念献呈論文集』、平成二十五年〔二〇一三〕三月、中央公論美術出版社）

（2）東野治之「鑑真和上と東大寺戒壇院―授戒と舎利の関係をめぐって―」（『戒律文化』三号、平成十七年〔二〇〇五〕、戒律文化研究会、法藏館、『大和古寺の研究』に所収、平成二十三年〔二〇一一〕十一月、塙書房）

（3）『招提千歳伝記』第十六祖実範伝
律師実範京城人也。姓藤原氏。諫議太夫顕実第四子也。智度冲深神用高爽。少而出父母之家投興福寺習学唯識。洞明底蘊。後入醍醐従厳覚公稟於密教。覚公先夢青龍出池矯首水面。因召徒曰。今日必有求法人来。若等当払壇場塵。以其日果範公至。覚公大悦。乃竭底授焉。（中略）因是詣春日社。期七昼夜慇祈神託。期満之夜夢自招提以銅筧通浄水于中川。寤後以為是好相。明旦至招提。見殿宇荒廃緇徒寥落。一残僧畊于田。師近問曰。太祖影堂何在。僧指其処。亦問寺中無比丘邪。僧曰。我雖不敏嚢曽聴四分戒本于戒光和上。師大喜遂就影堂乞為授受。尋帰中河大開講席。四来学徒雲臨海涌。初師在忍辱山。因採華至中川見境物霊。乃奏官建伽藍号曰根本成身院。後亦入招提。永久四年奏于鳳闕。修理伽藍。盛説律教。於斯律徒聚更復古春。（後略）

（4）註（3）参照

（5）『瑜祇経秘決』（真言宗全書五―一二）
凡付《テ》此経大師御筆法性不二《ノ》塔婆有之。載源運僧都記。此即聖宝口決云々。件《ノ》塔《ト》者上《ニ》有五輪。是九識転得之五智也。当蓋《ノ》上《ノ》四隅《ニ》有四種独股。表不二之四仏《ヲ》。依之序品《ノ》五仏皆不二《ノ》仏也。独股《ハ》不二《ノ》三昧耶形《ナルガ》故《ニ》。蓋上五峯《ハ》是金界《ノ》四仏。蓋《ノ》下《ノ》扉《ノ》内観胎蔵九尊。仍下《ハ》因。上《ハ》果也。是因果不二《ノ》義也。塔下《ニ》有金亀。是表世界建立。是依正不二《ノ》意也。（下略）

（6）註（2）参照。

（7）『阿毘達磨俱舎論』巻第十一（大正蔵二九―五七下）
論曰。妙高為初輪囲最後。中間八海。前七名内。七中皆具八功徳水。一甘。二冷。三軟。四軽。五清浄。六不臭。七飲時不損喉。八飲已不傷腹。（後略）

（8）『阿毘達磨俱舎論』巻第十一（大正蔵二九―五九中及び下）には、須弥山は四層に分かれ、最上層が四天王とその眷属の住居であると見える。また、龍をくわえた金翅鳥は、奈良・法隆寺の玉虫厨子（飛鳥時代、七世紀）の基壇背面の須弥山図に描かれている。

〔追記〕本稿の準備中に白描図像「瑜祇塔図」（京都・醍醐寺）について、東京藝術大学客員教授有賀祥隆氏よりご教示たまわった。厚く謝意を表したい。

栄西を中心とした中世初期禅密僧の思想と動向

水上文義

はじめに―平安仏教と密教

日本の密教は平安初期に、伝教大師最澄（七六六?・七六七―八二二）と弘法大師空海（七七四―八三五）が唐からもたらして以来、日本独自の発達をとげるとともに、天台宗の台密（天台密教）と真言宗の東密（東寺密教）のみならず、華厳宗をはじめとする南都の仏教にも影響したことはよく知られている。従って平安仏教における教学思想の基調の一端は、密教に基づくものであったといっても過言ではない。

このように平安仏教が展開するなかで、教学思想の到達した特色の一つの傾向が、いわば「冥合の思想」あるいは「超越の論理」とでもいうべき考え方である。二元的に対比される概念を対立論的または並列的にとらえるのではなく、一体的・一元的に、あるいは双方を融合したり超越する概念としてとらえる思考である。いわば、二元的概念を、一方を肯定して他方を否定したり優劣を判定するのではなく、双方は相即する関係で不二のものとして見る、またその不二の立ち位置こそ二元的概念を超越して統合するものとする考えで、仏教全体においては大乗仏教の「空」の立場からいわれたりする。この傾向はとくに中国仏教において顕著にみられ、東アジア仏教の大きな特色ともいえるようになる。

例えば煩悩は、覚りを求める菩提の立場からは当然に否定され断ち切るべき対象ではあるが、視点を変えれば、菩提とは、煩悩なくしてそれ自体で最初から存在するものではなく、煩悩という悪しき事柄を縁とし、修行という行程を経て至るわけなので、いいかえれば煩悩もまた覚りの真理の逆説的な表れ方といえる。このように思考したときに「煩悩即菩提」という、本来なら煩悩は否定され菩提のみ肯定されると思える対立的な概念が、相互に相即し、切っても切れない不二の関係ととらえられることになり、そのように把握する立場こそが真の正しい思惟とされるようになった。

このような論理は、一面的で単純な見方に比べれば、確かに物事の複雑な関係や様々な価値を見出す上に必要な視点といえよう。しかし「煩悩即菩提」をそのまま文字通りに受け取ると、迷いイコール覚りとなってしまい、凡夫そのままに仏、現世そのままに覚りの世界という思考にもなりかねない。そして、とくに平安後期から江戸初期に至る中世日本仏教では、天台本覚思想や真言の本有思想およびその影響を受けた鎌倉仏教において、聖なるものと俗なるものを融合し一元的にとらえる傾向が顕著になるが、それは両者を一元化して聖なるものへ昇華するのではなく、俗世や凡位を視点として聖即俗としてとらえる言説として現れてくる。そのような傾向の一翼を担った人々のなかに、今日「禅密僧」とよばれる禅僧達がいる。

一　栄西と大山の基好

禅密僧とは宋代の中国禅を学び、禅僧ではあるが、純粋禅ではなく日本密教の密教僧としても様々な教説をなした僧といえよう。[1]また同時にその禅は、臨済禅を修得した者が多く、なかでも建仁寺開山で東大寺再建大勧進を務めた葉上房栄西（一一四一―一二一五）や、その法脈に連なる東福寺開山の聖一国師円爾弁円（一二〇二―一二八〇）は代表的な存在であろう。

栄西は備中吉備津神社の神職である賀陽氏の出身で、十代で出家して比叡山に学んだといわれ、その密教は主に台密によるものである。栄西の密教における法脈にはいくつかの系統が知られるが、まず『台密諸流伝法集成』巻六[2]にのる葉上流血脈譜には、

川流胎金（建仁寺流）　覚超―厳範―経暹―念覚―基好―栄西―栄朝―円爾―大恵

谷流胎金（建仁寺流）　皇慶―頼昭―行厳―聖昭―基好―栄西―遍慶―栄朝―円爾―大恵

とある。ここで川流というのは、慈慧大師良源（九一二―九八五）の弟子で横川僧都とよばれた覚超（九五五―一〇三七）を祖とするという流派で、谷流とは谷阿闍梨皇慶（九七七―一〇四九）を祖とするという流派であり、「川谷二流」とも称された台密の二大潮流である。

次に群馬県世良田の長楽寺文書にある『都法灌頂秘録』の末尾[3]には、前述の川流胎金の血脈譜と同一の系譜と共に

円仁…良源―慶有―頼昭―行厳―聖昭―顕意―栄西

という、顕意を師とする系譜が記される。

そして尾張密蔵院の印信類の合行密印信には、谷流の建仁寺流血脈阿忍流として

空海―真雅―源仁―益信―真寂―延勢―叡就―清助―寂昭―皇慶―頼昭―覚範―薬仁―兼慶―基好―栄西―阿忍―円爾

があることが報告されている。[4]

またこれとは別に、名古屋大須観音真福寺文書のなかの栄西撰『改偏教主決』のなか合行口決[5]には、

大日如来…阿弥陀房静真―皇慶―長宴―頼昭―薬仁―兼慶―基

好—栄西
大日如来…寂昭（賀登上仙・三河入道）—皇慶—長宴—頼昭—
覚範—薬仁—兼慶—基好—栄西

という系譜も確認できる。さらに類似する相伝には、慈鎮和尚慈円（一一五一—一二二五）が関わった『瑜祇経』の修法について、青蓮院に伝来する『胎密契愚鈔』のいわば別冊ともいうべき「付属」(6)という部分には、「胎金両部最深秘密印」として次の相伝を挙げる。

右川厳範依《リ》二念覚《ニ》一、谷《ノ》頼昭依《ハリ》二兼慶《ニ》一、両人伝《ヘ》二授《シ》基好阿闍梨《ニ》一、基好阿闍梨伝《ハ》二授《シ》新入唐賜紫栄西阿闍梨《ニ》一、権僧正栄西阿闍梨伝《ハ》二授《シ》阿忍阿闍梨《ニ》一、阿忍阿闍梨伝《ハ》二授《シ》円爾阿闍梨《ニ》一、円爾阿闍梨伝《ハ》二授《ス》道照《ニ》一。

とあるもので、他の相伝系譜と比較すると「谷の頼昭は兼慶に依り」とあるのが、兼慶は叡山の藥仁の付法弟子になっているから頼昭とは年代が合わない。この兼慶は同名別人か、または長楽寺文書にある慶有を誤ったか、あるいは藥仁の師が頼昭であるらしいので、相伝順序を逆に記してしまったかであろう。いずれにせよ基好—栄西—栄朝—円爾という相承は事実としてよかろう。

これらの系譜をみると、栄西には顕意と基好という二人の阿闍梨が密教を教授しており、なかでも基好という人物の関与が深いことが知られる。そのことは栄西『菩提心論口決』の奥書(7)にも、

本記云、栄西者顕密兼学《ス》。就レ中於《ハ》二真言《ニ》一者山門穴太《ノ》門流也。而《ニ》師主多多。然《モ》而以二習禅房阿闍梨喜好《ママ》一為二正師一。爰《ニ》喜好最至《モ》極《ノ》印信《ハ》未レ伝レ之。……帰朝之後、喜好以二件《ノ》印信一終《ニ》授二栄西一畢。僧正随喜《シテ》而流二伝之一。彼流尤同二当流一。故依二用《シテ》之一聊記《カス》レ之。人不レ可レ処二聊爾一。穴賢云云。

とあり、「至極の印信」を一回目の入宋の後に相伝されたことがみえる。この「至極の印信」については後述するが、『瑜祇経』の修法に関するもので、栄西系統の禅密僧の教学解釈上に大きな影響を与えた法である。

さて栄西の師の基好は、伯州大山の天台僧であったことは分かっているが、その生涯や事跡についての詳細を知る資料はない。前述の記によれば、叡山長寿房薬仁に師事した大山の兼慶から『瑜祇経』至極の印信を相伝し、それらを栄西に伝えたと考えられる。

虎関師錬（一二七八—一三四六）の『元亨釈書』栄西伝(8)には「応保二年……伯耆大山有基好、啓《ひらく》二密乗之肆《みせ》一。西璽《しるし》レ足依レ之」とあり、また治承三年（一一七九）の大山寺騒動の兵火で失われた『瑜祇経母捺羅』『瑜祇経私記』を、基好が翌年に栄西所持本から写したことが京都青蓮院蔵の同書奥書に見えるという報告(9)もある。

さらに基好は、建久元年（一一九〇）には天台座主慈円に瑜祇経法のなかで通称「五八の法」といわれる、大悲胎蔵八字真言などの法を伝えており、先の『胎密契愚鈔』付属には「付属／八在口／五在口／件《ノ》両大師臨終《ノ》之時為レ継二断種《ヲ》一瀉瓶《ノ》之中《ヨリ》撰二出《シテ》新入唐求法阿闍梨《ヲ》一西付レ之。／于時建久九年正月十一日／灌頂阿闍梨遍照金剛基好示」ともあって、この法を建久九年に帰朝後の栄西に授けたとあるので、これらが事実であれば基好は応保二年（一一六二）から建久

九年（一一九八）ころに、大山を中心とする中国地方で活動し、また慈円の要請による伝法によって青蓮院の門流とも関係があったと思われる。

　しかし注意を要するのは、基好と慈円や栄西の師弟関係をもって「当時の密教の第一人者が叡山ではなく、大山にいたことは、当時の仏教が中央だけでなく、他地域でも高い水準に達していたことを示している」(10)とする見方もあることで、これは事実ではあろうが、そう単純に地方も高い水準に達していたとはいいきれない側面もある。それは基好と栄西の例にしても、その元は叡山から大山に下向した薬仁が兼慶に伝えたものであり、薬仁の系統は一方では上州世良田の長楽寺文書にも見えるから、むしろ地方がこうした法を機会があれば導入受容したともいえるわけで、中央の大寺の権威はゆるぎないものであったと考えることもできる。

　実際、慈円の場合、基好からの伝法については、鎌倉後期の叡山僧光宗が編纂した『渓嵐拾葉集』巻二三には次のような一節がある。

> 尋云、慈鎮和尚三昧流嫡流也、舎利法不レ知レ之間植《より》二西行法師一伝受給《ヘル》如何、答、和尚是《ハ》雖レ為二三昧嫡流一、鳥羽院第七宮覚快親王十七歳早逝之間、灌頂《ノ》大事等多以絶《テタリ》、サレハ舎利法ノミニ非《スト》、秘密灌頂第五三摩耶等無二伝授一之間、伯耆大山《ノ》基好《ヲ》被レ召、観性法橋以《ヲテ》伝受給《ヘリ》。

　また青蓮院門跡の記録を記した『華頂要略』巻二一「三昧流来由事」には、

> 慈鎮和尚諸流兼学刻、習禅房《ノ》基好《ノ》流《ヲ》可レ有二御相伝一之由被レ仰、被レ召二基好一処、基好辺国《ノ》仁《トシテ》其体卑劣間、御所中出仕者定依レ可二軽賤一、被レ仰二成円一、可二受続一之由仰出之間、成円法印対二基好一受二彼流一、奉レ授二和尚一。

ともある。(11)

　これらから類推するに、関白九条兼実の弟で天台座主という貴種である慈円は、大山の基好から直接伝法されることなく、慈円の指南役でもあり兼実とも親しかった西山の観性法橋か、その弟子の成円を介して受法したらしきがわかる。

　またこれと逆の伝承が『伯耆国大山寺縁起』七一段(12)に、

> 天台座主慈鎮和尚よりめされければ、基好上洛して吉水御所へ参り、中門に円座を給る、和尚御不審の法門御尋あり、師資の礼に聊そむきければ基好逃帰る、和尚御座をなをされて御帰参して秘密壇灌頂薄墨印信等をさづけ奉りけり

とあることにも、基好から慈円への相伝の実態が窺われる。

　この縁起は奥書からは応永五年（一三九八）頃には成立していたらしいが、叡山側のは基好を卑賤とし、大山側がそれに反発した伝承を残したことになる。これをどう解するかであるが、伝法の場所が観性の西山の庵か吉水の青蓮院かなどの子細の相違点は別として、当時の摂籙の長者は、身分の低い者との直接的接触を避けたという から、直に対面して言葉を交わす直授を避けるため殿上に招かず中門に座を作るなど、『華頂要略』や『大山寺縁起』の記述はそうし

た様相の反映で、恐らくは叡山側の扱いが事実に近いのではなかろうか。慈円は関白九条兼実の実弟で三昧流正嫡の青蓮院門主であり、天台座主にも任じた貴種である。従って伝法といっても必要なことのみ習得すればよいのであり、基好は卑賤の者と判断されて、その間に西山の観性なりその弟子の成円なりが介在することで、直接的接触を回避したとみえる。従って基好が当時の台密の第一人者的阿闍梨とみなされたかどうかは疑問で、あくまでも貴種出身の高僧にとっては補完的な存在であったといえよう。

それでは、このように慈円に伝法され、また栄西を通じて円爾など禅密僧に広まった基好の密教にはどのような特徴があったのだろうか。

一言で言えば、それは『瑜祇経』「大悲胎蔵八字真言」などに関わる修法である。密教には、人の心に内在する覚りの心＝菩提心を大日如来の慈悲と加持によって育成させて真理を体得し、最終的には現世における衆生救済の活動に至る胎蔵界と、仏と一体化するヨーガの修行によって、煩悩を砕く大日如来の堅固な覚りの智慧を体得して、衆生を迷いから救う金剛界の二つのカテゴリーがある。弘法大師空海は、この胎金両部を車の両輪のように相互補完して機能するのが密教だとしたが、伝教大師最澄が不完全ながら導入した台密は胎金両部がそろったものではなく、その後に弟子達によって完成されていくなかで、空海以後の唐代密教の影響もあって、両部を統合し融合して一体のものとして機能させる傾向を取り入れた。『瑜祇経』はまさにそのような経典であり、両部融合の性格が強く、なかでも金剛吉祥大成就品には胎蔵界と金剛界の大日如来根本真言を組み合わせた、いわば胎金合成真言（大悲胎蔵八字真言）が示されており、この法は「胎蔵根本極密契」として当初は安然によって着目されたが、やがて「合行」とか「五八の法」といわれて、愛染王品の愛染明王を尊重する東密に対して、台密において両部の効能を合わせて発揮する法として尊重された。先にふれた、基好の合行という「至極の印信」もあるいはこの法を指すのであろう。両部を統合して修する法はより強力な効果があると考えられ、当時の密教僧や貴族貴顕には期待すべき修法と認識されたものである。

このように台密には胎金両部を一体化し統合した密教を尊重する傾向があるが、基好の密教はそうした「統合し一体化する」論理を、彼の言説と断定できる資料は残っていないが、男女の性行為をメタファーとして説明するもののようであったと考えられる。それは慈円の場合を例にとれば、彼の『ビセイ（毘逝）』（アビシェーシカ＝灌頂の意）に収録される『夢想記』に顕著なことが知られている。すなわち基好から瑜祇経法の奥義を相伝した後の建仁三年（一二〇三）六月の夢の記であるが、

建仁三年六月二十二日暁夢云、国王御宝物、神璽宝剣《ノ》神璽《ハ》玉女也。此玉女《ハ》妻后之体也。王入二自性清浄玉女体《ニ》一令二交会一給《ヘハ》、能所共《ニ》無レ罪歟、此故神璽者清浄《ノ》玉也《ト》。……刀《ハ》宝剣也、王《ノ》体也、鞘《ハ》神璽也、后《ノ》体也。以二此交会之義《ヲ》一成二就此印一歟。……又思惟云、神璽者仏眼仏母乃玉女也、金輪聖王者一字金輪也。此金輪仏頂又仏眼《ニ》交会シタマフ義歟、此宝剣則金輪聖王也。……此剣璽《ハ》天下一州《ノ》成就也。仏法王法《ヲ》成就《シテ》理国利民、王者《ノ》宝物也。内侍所又神鏡《ト》云、此両種乃中《ヨリ》令レ生給天子也。是則天照大神《ノ》御体也。是則大日如来也。[13]

と、三種の神器のなか、天皇は剣（金輪仏頂）で后妃は玉（仏眼仏母）であり、両者の交会こそ天下の成就で国を治める道理であり、そこから生じるのが天子であり天照大神であり本地大日如来とする夢想である。

この場合、一字金輪仏頂は金剛界に、仏眼仏母は胎蔵界に配され、両者を統合するのが天照大神で大日如来となるというのである。密教に限らず仏教の解釈を、このようなやや露骨な性的メタファーを用いて行うのは、一般的な目からみれば邪道的解釈とみなされてもやむをえない部分もあり、この文書が公表されてからは、とくに近年、国文学研究者からは「中世王権の宗教思想は性がモチーフであった」などといわれ、昭和天皇の崩御とも重なったために、王権論とも絡めていささかセンセーショナルに取り扱われた[14]。しかしこの慈円の言説は、仏眼法という『瑜祇経』による修法と密接に関係するるので、これが基好の教示あるいは示唆に基づくものであろうことは、ほぼ疑いないといえる。

このように、密教思想に性的解釈を施すことは後期インド密教においては珍しくもないが、近世以降の日本において、まして近現代的な倫理感覚からすれば、いわゆる立川流となんら変わらない左道密教とか淫祠邪教の一言で排斥されかねない。しかし慈円の場合は、摂関政治という、摂関家の女子が天皇の寵愛を受けて皇太子を出産しなければ事実上機能しないという、特殊な権力構造のただ中に身を置いていた。また源平争乱のさなか、まさに武家政権の誕生とともに、天皇を中心とする摂関政治の権力構造が一変しかねない危機感もあったであろうし、これからは天皇と摂関家と武家が協力して国家経営に当たるべしとの見解を持っていた慈円であればこそ、王権とそれを守護する仏法の冥合、つまり王仏二法の冥合の論理を説明する上に、この『夢想記』が鎌倉政権を認めようとしない後鳥羽上皇に読ませるという目的をもっていればなおさら、このような性的メタファーという極めて世俗的な譬喩を用いて解釈してもしかるべきであったろう。

また、慈円のような立場ではなくとも、二元対比的論理を融合し、それを包摂する統合的構造を説明しようとするとき、男女の性行為をメタファーとするのは、抽象的形而上学的立場と対極するような世俗中の世俗に引き寄せて説明するだけに最も分かりやすい。なおかつ日本では近世に至るまで、性に関して現代よりもはるかに大らかであったことも認識しておくべきである。

二　栄西の密教

このような経緯のなかで、栄西はどのような言動を残したであろうか。

先述のように栄西は応保二年（一一六二）大山の基好に学ぶが、仁安三年（一一六八）わずか数ヶ月であるが入宋を果たす。

この第一回入宋ののち安元元年（一一七五）の『出纏大綱』『改偏教主決』あたりから、養和元年（一一八一）の『隠語集』や文治三年（一一八七）の『菩提心論口決』に至る間が密教に関する著述が一番多い時期である。そして文治三年（一一八七）から建久二年（一一九一）のあしかけ五年に及ぶ入宋後は密教に関する言説は薄くなり、『興禅護国論』や『喫茶養生記』など戒や禅に関するものが主となる。従って二回の入宋の中間が密教に関する著作が目立つといえる。

それでは密教の註解法に関してどのような解釈がなされるかというと、まず、栄西と師との問答を安元三年（一一七七）の『無名集』[15]に見ると、

弟子云、大日一仏也。内証無二、云何胎金両界法有乎。師云、本有之理智冥合身、為三自受法楽与二自性眷属一、談二美理法一云二胎蔵界一、談二美智法一云二金剛界一也。弟子云、其両界者、実有レ二乎。師云、薩埵弘時随レ宜也。実無二唯一法也。


と、ここで「師」が基好で「弟子」が栄西とすると、おそらくは『瑜祇経』を踏まえた問答であろうが、師は、大日一仏とは本来的に胎蔵界の理と金剛界の智が冥合する仏で、胎金両部といってもそれは大日の内なる眷属に法を宣説する場合のことで、法を広める場合によって説き方は異なるが、根源は胎金理智不可分の一仏にほかならないという。

さらに師は、唐代中期の密教僧一行の『大日経義釈』によって「義釈云、真言宗有二如レ是隠語一、学者触レ類思レ之等云々」と密教は隠語であるともいう。つまり同じものでも場合により見方が変わることをいうわけで、それゆえに「隠語」とは密教のあり方そのものを指していると考えてよかろう。

この「隠語」については、養和元年（一一八一）の『隠語集』[16]にも

「義釈一部《ノ》始終有《ニ》、有《トモ》二無《ル》字《ノ》一皆如《シ》レ此《ノ》。以《テ》レ此為《ヲ》二隠語《□》一《ト》。男《トイハ》者恵也。女《トハ》者定也。又恵者男也、定為《ヲ》女《ト》一。」


とあるが、隠語とは、本来の『大日経義釈』では密教は直接文章で表さないだけに外見では理解しにくいことを示した譬喩の要素を持つのに対し、栄西の解釈が師の説を承けたものとすれば、『義釈』にはない理智・胎金を男女で説くのも、あるいは彼らの密教のあり方そのものと関わることになろう。

密教では、仏の覚りの身体を印で、言語を真言で、心の内面を観想する意で体験し、それをヨーガの行によって合一し一体化させる身口意三密修行法を経て、行者がこの身そのままに仏となる即身成仏の法、三密修行法を行うが、この三密についてやはり『隠語集』[17]には、

問、理智冥合義門如《トシ》レ是《ノ》。其約《レハ》二意《スル》密《ニ》一也。若約《シセ》二身口密《ニ》一者、必《ス》有《ラハ》二印真言一、其義如何。答、師《ノ》云《ク》、胎《ニハ》無所不至《ノ》印《ナリ》、即《チ》塔印是《レナリ》也。金智拳印、羯磨大日《ノ》印《ノ》是《レナリ》也。[先胎印相《ツノ》者《ハ》、定恵各大指《ノ》頭指相捻《□□》、頭指大指各中節端□《ナルハ》即《チ》似二刀形《ノニ》一。以《テ》二此二刀《ヲ》一和合《スレハ》、竪六指《ノ》如《ハ》レ塔《ノ》。竪形和合《ノノ》《スル》二刀似《ハリ》二（開カ）□閉扉《□□ラニ》一。」但塔印云時、有二口決一。可レ得レ意。法界《ハ》即《チ》此印形《ナリ》也。此法界塔《ノ》之扉《トヒラ》則《チ》定恵《ノ》利刀《□リ》也。非《スハ》二金剛堅固之体《ノニ》一者、難レ入難出也。即譬《チタ(トヘハ)》二干将《カン》莫《ハク》耶《ヤカ》（筆者註・耶＝邪）男剣女剣《ニ》一以二此男女二利《ノ》用《ノ》和合《セルヲ》一、譬《フ》二定恵《ノノ》二□扉開閉《スルニ》一《ニ》、故男女本《ハ》有冥一《ナリ》也。理智本《ハ》有冥合《ナリ》也。

とあり、春秋時代の呉の名刀工夫婦の干将・莫邪の雌雄の剣を、男女が本来不離であることに譬え、世の中の真理を観察する禅定である定と、その道理を学ぶ慧を男女の交合とみなし、両部冥合の作用の面としての男女交合であり、それが本来的な両部の合一であると

する基好の見解が述べられる。これに続いて栄西は

私案《シテ》云《ク》、法界定恵之《ノ》女男《トト》和合《シテ》、黄白《ノ》二渧融《スル》□《(時カ)キ》、……若結《シ》二□□此《ノ》印《ヲ》一、法界一□《(時)□ク》受《(法)ヲ》二□楽一。乃《チ》名《ク》二自受法楽灌頂理《ノ》智冥合《ノ》印《□ト?》一也。
是《レ》身密《ナリ》也。

と、師説をほぼ追認する見解を述べる。

さてこの『隠語集』は、ほぼ全編が男女の性行為をメタファーとして展開されるといってよく、それ故に本当に栄西のものか従来より問題視[18]されてきた。それと同時に、この書がどのように構成されているかという読み解きにも難しいものがあろうかと思う。さらに『隠語集』では設問して、

問、両部理智冥合《ノ》者《トイフコト》如何、
答、胎蔵理《ハ》、金剛智《ハ》。理則《ハ》以二𑖀字《ヲ》一為体《ト》一、智《(則カ)ハ》□以二𑖪𑖽字《ヲ》一為体《ト》一。𑖀字則《ハ》本不生也、𑖪𑖽字則《ハ》離言説也。本不生則《ハ》定之《ノ》体《ナリ》、女之《ノ》徳《ナリ》。恵者則男之《ノ》徳《ナリ》矣。……今案《スルニ》二正意《ヲ》一、……唯《シ》一対《ノ》男女《ノミ》受《テ》二同時《ノ》快楽《ヲ》一、非《ス》余人之所知《ニハ》。以此《ヲ》一為《ス》二自受法楽《ト》一。亦為《タス》二理智冥合《ト》一。是《レ》約《シテ》二能加持《ニ》一、説《ク》二自受法楽幷理智冥合《ヲ》一也。若男女和合《スル》之時《キ》、男根女根相《ヒ》加持《シテ》、各自然生《□》得精《□セイヲ》一。男精《ノハ》白也。女精《ノハ》黄也。女之《ノ》黄水即《ハ》𑖀字《ノ》用也。故《ニ》𑖀字《ハ》金色《ナリ》。又男之《ノ》白水即𑖪𑖽字《ノ》用也。故《ニ》𑖪𑖽字《ハ》白色《ナリ》。……男《ノ》白水《ハ》成《リテ》骨《ト》二而支分《モ》(五体)無《シ》所闕《ロル》一。女《ノ》黄水《ハ》成《テ》肉《ト》二而形貌《モ》皆《ナ》円満《ス》。骨則《ハチ》依《テ》肉《ニ》一強《ツヨシ》。肉則《ハチ》依《テ》レ骨《ニ》鮮《ナリ》。理智冥合《トイハ》者即《チ》骨与《ト》肉《トイフ》云事《コトナリ》。非《スキニ》如《ニ》二膠漆水乳《トノ》和合《スルカ》一也。若男欲《シノ》増《スレハ》則《チ》子《ノ》色白《ロ》也。女欲増《ス》則《レハ》子《ノ》色赤《ロ》也若《シハ》黄《ロ》也。是《レ》則《チ》約《シテ》二所加持《ニ》一説《ク》二理智冥合《ヲ》一也。[19]

とあり、あたかも男女交合の快楽が至上の覚りであるかのような表現をする。この部分は問答の答えが基好の言説で、「今正意を案ずるに」以下が栄西の見解と見ることも可能だが、「私」が無い以上、もし栄西の私見でないとすれば、案ずべき「正意」とは誰の意かということも厳密には明確でない。逆にこれを栄西の言説と見れば、こうした表現をはたして本当に栄西がするであろうかと訝られても当然であろう。

それはともかく、ここの「一対の男女のみ同時の快楽を受けて、余人の知る所には非ず」は、『瑜祇経』冒頭近くの「転輪王の自眷属とともに大快楽を受けるが如く、是れ国内万民の知る所に非ず」を踏まえており、空海はこれを密教者以外知り得ない法身説法の優位性の根拠とし、円仁は「知り得ない」のは顕教菩薩であって密教では具縛の凡夫すら知り得る証拠とする。栄西は一見、どちらかといえば空海の立場に近いようにも見えるが、彼はもともと仏と我の一致をいうのだから、そのへんはどうであろうか。

今一つあげれば、先述の一文では黄水はア字で金色とあるが、この金について栄西は『隠語集』秘宗隠語口決の「顕教の理智冥合の事」[20]で、

真金表《ハス》二法身《ヲ》一理、水銀表《ハス》二報身□一智。此《ノ》二物和合《ハ》□《シタル》時、不□レ分二別《セ》黄白《ヲ》一交雑《セリ》。塗《ル》二色像《ニ》一時《ハ》水銀入《ハル》二下《タニ》一。如《シ》二白水成《ノ》レ骨《ルカト》一。真金出《ハツ》二表《ニ》一。如《シ》二黄水成《ノ》レ肉《ルカ》□一。塗《トレ》者《云ハ》造作《ノ》義也。

と、顕教の理智冥合を焼付メッキ法の一種であるいわゆる水銀アマルガム法で譬え、それは「造作」つまり人為的なものとしている。

これは黄白二渧の和合が実態を伴うときは本有ではなく、人為的作為的な事柄と捉えていたと見ることもできよう。

さらにそのことは『改偏教主決』[21]でも、原山の僧を難じて

因縁和合《ノ》示現《ノ》自受用身《ハ》顕宗之中《ノ》似《リ》二水銀和合《ノ》真金《ノ》応用一《ニ》。故《ニ》真言教《ノ》自性身《ノ》中《ノ》智法身《トハ》不可二云一也。

とあり、二つの素材を接着するアマルガム法は人為的作為的なもので顕教的な発想だとし、子供の出産という自然的状態とは区別する意図がみえるように思う。とすれば、こうした性行為を聖なる営みと認めるような言動も、それが人為的作為的な場合ではなく、いわば自然法爾な本有のあり方としてのみ認めていたといえるかもしれない。

また栄西の密教に関わる言説では、後期に当たる文治三年（一一八三）の『菩提心論口決』[22]には、

問、大日経等《ニハ》𑖀字遍金色矣。今何《ソ》云《ヤ》二素光《ト》一耶。答、有《リ》二四釈一。……次《ニ》秘秘中《ノ》深秘《ニ》云、理智冥合《ノ》故、金剛界《ハ》表《シテ》レ智《ヲ》白色《ナリ》也。所以《ニ》依二即事而真之道理一者、男精《ハ》白色、女精《ハ》黄色《ナリ》、又《ハ》菩提《ノ》色也。一時《ニ》和合《シテ》成二子《ノ》体《ヲ》一時、白水《ハ》成レ骨《ト》、黄水《ハ》成レ肉《ト》。男《ノ》欲心増盛《ニシテ》成《セハ》レ妊《コトヲ》レ子色白《シ》。女《ノ》欲心増盛《ニシテ》妊レ子《ヲ》色赤《シ》。若胎理《シハ》増《スルカ》故《ニ》大日黄色《ナリ》。金《ハ》智増《スルカ》故大日《ノ》色白色也。今《マ》所《ノ》レ言菩提心《ノ》𑖀《ノ》金字《ハ》理智冥合。金剛界智増《スルカ》故、乃至白蓮素光《ト》云。此《ノ》義門《ハ》隠語集注《ニス》。子細可《シ》レ見レ彼《ヲ》。

とあり、『大日経』等で𑖀字を金色というのを、『菩提心論』ではなぜ月の皓々とした明かり「素光」というのかと設問し、理智冥合だから智界の白を交えて素光というとある。またそのことは『隠語集』に詳述したともある。

これは『隠語集』や『改偏教主決』で女性の黄（金）色と男性の白色が融合されるあり方につき、アマルガム法のように二つの素材を人工的に接着するように考えるのは顕教における冥合を指し、密教では冥合そのものがあるべくしてある本源的なものであることをいうのと軌を一にするものであろう。それゆえに男女の性行為は法界に表出するときには作用として現れるわけで、その結果としての子供の誕生も含めて、人為的な作為によらない自然法爾なあり方、本来あるべき本有として捉えていたといえよう。

このことは胎金両部の合一が、胎＝理・金＝智を作為的に統合するのではなく、本来的に一である密教の現れ方として胎金があるという主張が推測できるわけで、ここでは胎金は本来的な合糅、本質的に融合しているものということになる。しかしそれは同時に胎金両部に留まることではなく、理・智の冥合でもあり、聖・俗の冥合にもなろう。とくに聖俗の冥合がこのような論理で説かれるとすれば、それは本来的に一である聖俗が作用として表出するときに、聖にもなり俗にもなりえる論理ともいえる。

そのような論理を最も具体的に表そうとするとき、男女の性行為というメタファーを用いるのが分かりやすいのはいうまでもあるまい。だが出家者がそういうメタファーを用いることが適切かという批判も含めて、栄西ほどな人物が邪教めいた論理を展開するであろうかという先入観的な疑問も当然生じよう。しかしインド・中国の

仏教においても胎内五位説とか、その他の性的メタファーは用いられてきたし、実際中世日本では「胎内五位図」で菩提心の生成を図示して説明する。その嚆矢は東密の実運（一一〇六―六〇）作という『瑜祇経秘決』あたりと目され、確実には円爾からとも云われる。(23)古代・中世の日本にあっては、性に対して近世以後のような倫理観が通用しないことは周知の通りである。

三　円爾の密教

　では栄西の孫弟子に当たる円爾の場合の一、二の例を見ておきたい。ただ、円爾が密教に言及した文献を見る上での注意点は、円爾が密教経典を講説し、それを弟子の仏通癡兀大慧（一二二九―一三一二）が筆録したとされることで、問題はそのなかで「師云」とか「私云」ではじまる記述がある。これは従来より「師」は円爾で「私」が癡兀とされてきた。しかし近年、「師」は円爾の師で栄西の弟子である栄朝で、「私」が円爾を指す可能性があるので断定はできないという説(24)がある。いずれにせよ円爾の文献にはこうした不確定な要素があることも、一応留意する必要はあるかもしれない。

　そのような文献の一つである『大日経見聞』(25)には大日如来について、

　師云、於二此毘盧一有レ二。所謂一《ニハ》一智毘盧、此是本地能加持身。二《ニハ》五智毘盧、此是中台尊所加持身也。一智身者両界未分之導《ママ》、通体総相毘盧也。全無二境智能所殊一非二迷法一故、但号曰レ智也。未分一体尊故、名云レ一也。……師云、於二此加持一有二二義一。一者以二一智一為二能加持一、以二八葉中台一為二所加持一。又以二内証所加持身一為二能加持一、以二群機伝説身一為二所加持一。又以二此身一為二能加持一、以二群機具惑身一為二所加持一也。

とあり、大毘盧遮那仏（大日如来）には二種があり、第一は一智の毘盧遮那で、第二が五智の毘盧遮那である。第一の一智毘盧遮那は根本的本源であり他を加持する仏で、胎金両部に通じる総体であり、いわば両部を超越する概念が想定されているもののようである。第二が中台にある五智の毘盧遮那で、加持される存在であり、この仏が衆生を加持し導くという。そしておそらくは円爾の説によれば加持とは、一智身が中台毘盧遮那を加持する能加持であり、中台毘盧遮那は加持される所加持身であり、それはまた多くの説法する諸尊を加持し、それらがさらに惑う者を加持するとあるから、覚りから迷いに向かって波及する能所の加持という対比的構造が考えられていたようである。

　そしてこの一智法身の毘盧遮那は『瑜祇経見聞』(26)によれば、まずこの一智身とは何であるかという問いに、『瑜祇経』の冒頭で説かれる「本有の金剛界遍照如来」がそれに当たるといい、曼荼羅でいえば中央の大日と四方の四仏を超越する「方外一智身如来」であるとする。そしてさらに、

　問、其義如何。答、一品一品《ノ》心真言一字、皆是《ナル》三十七尊通体惣相独一法身成道《ナルカ》故也。問、其行相軌則如何。答、一智身者、依正未分、能所未分、生仏未分、迷悟無二、自他彼此、全一不分之独一惣体身也。

という問答で、この一智身は『瑜祇経』に説く金剛界三十七尊を統合した至高の法身であり、より所にする側とされる側、加持を行う者とされる者、衆生と仏、迷いと覚りなどのすべての対比的な概念を超越する、すべてを統合した仏だと位置づける。いわば胎金両部を統合しすべてに超越する概念である。すなわち一智法身とはすべてに超越するから、依正、能所、生仏、迷悟などの二元的に対比される概念の本源であり、統合包括的にすべてを包摂し、すべてに超越する概念となるのだろう。このような本源が現世に現れるとき、それらは依正、能所、生仏、迷悟などの個別的様相を帯びて表出することになろうか。

それでは円爾は、このような従来の大日如来をも越えた絶対的統一が発揮される「場」をどのように想定していたのだろうか。

それについて『大日経見聞』巻二の三種灌頂壇釈の項[27]では、

師云、然今此性以㆓阿娑縛《アサバ》三字㆒為㆓三部《ノ》総体㆒。金剛頂経《ハ》以㆓𑖮𑖳𑖽 𑖪𑖽 𑖝𑖿𑖨𑖯𑖾 𑖮𑖿𑖨𑖱𑖾 𑖀𑖾 五字㆒為㆓五部《ノ》総体㆒。瑜祇経《ハ》以㆓𑖀 𑖮𑖳𑖽 𑖪𑖽 三字㆒為㆓理智事三転㆒也。所謂序品《ノ》𑖮𑖳𑖽字是智也、愛染三品《ノ》𑖪𑖽字是事也、後品《ノ》𑖀字是理也云々。此是秘密壇《ノ》意、法門身成正覚也。蓮華《ト》月輪《ト》五古等《ハ》此是成就壇《ノ》意、三昧耶身成正覚也。

とあり、今この性というのは『大日経』のことで、その胎蔵界（仏部・蓮華部・金剛部）三部はアサバの三字を総体とし、『金剛頂経』の金剛界（三部＋宝部・羯磨部）の五部はバンウンタラキリアクの五字を総体とするという。そして『瑜祇経』は胎蔵界の理の象徴であるア字と、金剛界の智を象徴するバン字を含む「アバウン」の三字を総体とし、ウン字は「事」つまり現実に表出する事象を表すとある。そしてこれが理・智・事の三転（三点）であるというのである。

これは平安後期から東密を中心にいわれた理智事三点説といい、仏の覚りの道理である「理」と、利他行のはたらきを司る「智」が統合され、それが表出するときに「事」つまり現世の営みという事象となって現れるとする論理である。しかし普通には覚りの真理と智慧が統合されれば両部不二の大日如来とか、より高度な聖の世界を想定するはずなのに、理智事三点説ではそれが世俗の現実となって現れるという構造をとる。それゆえか、ここで胎金大日のアとバンを統合する役割のウンとは、『瑜祇経』においては愛染明王の種字である。愛染明王は愛欲煩悩に執着する欲望の力を衆生救済の原動力に転化することを象徴しているから、理智が事として表出することをかたどるのであろう。

円爾は男女の性行為をあからさまなメタファーとはしないが、両部の統合やそれを超越する仏の概念を提示しながら、覚りの修道への因縁とその成果の因果や、衆生と仏の一体不二、端的にいえば聖と俗の一体不二であることを説いており、その本源となるのがすべてを包摂し統合する一智法身となろう。また聖俗や衆生と仏などの個別に区分された差別の現実世界はその様々な現れなのであって、それらは聖俗の区別があるように見えて、実はいわば表裏一体のものであるといおうとしたようである。

ただし『瑜祇経見聞』という文献には、それが『瑜祇経』の注釈であるためか、あるいは円爾の学問的交流を示すものか、当時の仏教界の潮流によるのか分からないが、立川流に多大な影響を与えたとされる、東密の勝賢口伝・成賢記という『纂元面授』と同じ文章が引用されるなど類似する傾向があり、それらとの関係はじめ、まだ解明すべき点は多い。

まとめ

ここで取り上げたのは、大山の天台僧基好が伝えたであろう密教観や考えが、その修行法を受法した慈円の言説に影響し、また基好の弟子であった栄西からさらに栄朝を通じて円爾に伝わり、中世の禅密僧に多大の影響を与えた事例(28)である。これは一見、仏教を堕落に導くような印象を受けるかもしれない。

しかしこうした傾向は、平安中後期から鎌倉~室町に至る中世の仏教には全般的に見られるもので、二元対比的な概念を融合し一体化して、あらゆる概念を絶対一元的にとらえようとする思考である。また性的メタファーも、主に東密諸師の言説にも多々見られる。それはおそらく、真諦と俗諦の本源的同一性と、真諦の俗諦への表出を語るとき、最も適切な暗喩と見なしたからであろう。

このような聖俗冥合の論理は、当然に中世日本仏教に横溢する本覚思想とか本有思想と呼ばれる、現実肯定的思想にほかならない。その思想自体の評価は人によって様々であろうが、そこに性的メタファーが用いられるからといって、単純に排除したり、無理な護教的整合性を試みたり、性的表現を過大に受け取って分析しても、いずれもこうした問題の解明に寄与することは少ないであろう。また、現世を真理に見立てようとする聖俗冥合の思想からは、一方では王仏冥合の論理を生み出したりしたが、他方では自然界の事物にも仏性を見出そうとするあり方にも連なってくる。その代表が草木成仏を比喩的理念としてだけではなく、実際の理念として想定する動きで、能の「老松」はじめ数々の草木成仏の物語や、生け花の精神、また魂の表出としての言語=言の葉で花鳥風月や人の情を表す和歌など、中世文芸の精神的な基盤にもなってゆく。

中世における日本仏教の展開は、密教などを基盤とする南都・天台・真言のいわゆる奈良平安仏教において、聖俗冥合の思考を基調に現実肯定的な様相を帯び、今日では天台本覚思想や真言の本有思想といわれる流れがそうであるように、凡夫のなかに仏性を見出し聖と俗とを一体化して見るような傾向が表れた。それを堕落思想として修行不要論と同一視する向きもある。しかし本当にそうであったなら、今日に至るまでに、例えば比叡山の千日回峯行や東大寺のお水取りの行をはじめとする、長く厳しい修行がどうして伝えられたのであろうか。心底から修行は不要で凡夫は仏だと思ったなら、これら奈良平安仏教は伝わらなかったであろう。

そして聖俗の冥合が最も端的に表れたのが、本地垂迹思想を取り入れた神仏習合ではなかろうか。神はインド仏教以来、どれほど高邁であっても基本は世俗の側にあり、仏の覚りとは異なるはずである。それを仏を本地とし、日本の神をその垂迹とすることによって同化させ一体化してしまう。また人をも仏の垂迹とみなす。日本仏教あるいは日本人の宗教感覚の特徴ともいえようが、その底流にこうした聖俗冥合の感覚があるのではなかろうか。

ここで一つ例えれば、仏性が人に、または全存在に普遍的に内在するかどうかという問題がある。それは『涅槃経《ねはんぎょう》』に「一切衆生悉有仏性=一切衆生に悉く仏性あり」つまり「全ての人には仏の素質がある」という有名な一句がある。この衆生は普通には人間と解されており、悉有はそのすべてに有ると解するのであろう。ところが道元の『正法眼蔵』の解釈には、「悉有は仏性なり、悉有の一悉を衆生という」とあり、「すべての存在は仏の素質である。その存在(仏の素質)のなかのあるものを衆生(人間)という」とある。ここでは、悉有を「ことごとくに有る」のではなく、「すべての有(存在)」と解し、あらゆる存在に成仏の可能性を認めて、衆生をその一つと解するのである。まさに草木国土悉皆成仏である。これも二元対比的思考を超越する、ある意味聖俗冥合の論理といえるのではないだろうか。こうした絶対一元論的論理は、奈良平安仏教のみならず、いわゆる新仏教においても見られるのであり、日本仏教の特色でもあろうか。

要点はそこに説かれる論理が、字面ではなく、いかなることをいわんとしているかであって、中世日本仏教思想の一端を解明する手懸かりのひとつとして、ここでは栄西など禅密僧と慈円の密教思想を取り上げた。

(みずかみ　ふみよし・公財・中村元東方研究所)

註

(1) 宗派観念の強い従来の仏教研究の見地からは、栄西らは禅に徹した純粋の禅僧とは評価されないこともあり、このように他宗を兼学した禅を「兼修禅」と呼んで「純禅」より低く評価する傾向もあった。しかし今日では、当時は各宗兼学も普通で、とくに禅僧には密教を兼学する傾向もあることから、近年では彼らを禅密僧と呼ぶ例がふえている。小稿でのいいかたも、このような傾向に従うものである。

(2) 『台密諸流伝法全集成』第六巻、葉上流の川流は二一四三、二一四八、谷流は二一六一、二一六七。

(3) 『群馬県史』資料篇5・中世1―四五七。

(4) 小此木輝之「台密葉上流の展開」(『印度学仏教学研究』二六―一)。この密蔵院蔵の系譜と類似のものが『青蓮院文書』「為断後代疑令授印信文」(『大日本史料』第二篇の四、九三二~九三四)にも見える。

(5) 『栄西集　中世禅籍叢刊　第一巻』翻刻篇三八八。

(6) 叡山文庫「戒光院蔵」に架蔵される。翻刻は拙著『台密思想形成の研究』資料篇六五三。ただしこの「付属」が本来『胎密契愚鈔』に含まれていたのかどうかは定かでない。それは寛永寺蔵の『胎密契愚鈔』には「付属」がないので、あるものとないものの二系統があったと思われるからである。

(7) 日蔵(鈴木財団版)四七―三一五下。

(8) 『新訂増補国史大系』『元亨釈書』四二。引用文中のルビは私に付したもので、誤りであればご批正を請う。

(9) 岡野浩二「平安末期における天台僧の修行巡礼―青蓮院門跡吉水蔵聖教にみえる備前・因幡・伯耆―」(『倉敷の歴史』一九号)。これは青蓮院吉水蔵の「長寿房」と題される『瑜祇経母捺羅』『瑜祇経私記』の合冊奥書の最初に、「天仁三年六月廿三日、於二因幡州高庭浦上清冷院一記レ之。比丘薬仁矣」とあり、さらに「書本云、安元三年丁酉七月廿五[七]日、於二鎮西肥[=筑]前州今津誓願寺一以二如々房弟子玄語房本伝領之本、花蔵房之本一為二書本一云々」という栄西のと見られる奥書、「治承四年庚子十一月三日、於二備前州日応山瑜伽寺一以二件鎮西之本一不意之外書了、或修行者之持本也云々、基好」という基好の奥書があり、同じく『瑜祇経西決』の奥書の最初にも「承徳二年壬〈閏〉九月七日、依レ難レ背二丁寧請一於二備前州児島諸(または請)興寺一、延暦寺比丘薬仁記レ之、願以二此良縁一期レ為二来浮生一矣」という薬仁の奥書があり、薬仁や基好の消息が知られるものである。また前註(5)の『改偏教主決』にでる相伝は、対論相手である原山の僧が栄西の師筋に当たる薬仁を谷の正系ではないと非難したのに対し、正系に属することを述べて薬仁を擁護する部分である。この系譜に続いて栄西は、薬仁が叡山を離れて大山に来たときに「合行」を兼慶に相伝したといっている。それでこの合行が、叡山から大山に伝えられた経緯が分かり、さらに『瑜祇経母捺羅』『瑜祇経私記』の奥書によって裏付けられるのである。

(10) 『栄西集　中世禅籍叢刊第一巻』「解題総説」五〇五。

(11) 『渓嵐拾葉集』は大正七六―五七九b。『華頂要略』は『天台宗全書』

一―九三～九四。また叡山南渓蔵の道覚親王撰『胎蔵八字頓証行法口伝』にはこの法について、円仁―長意―玄昭―知淵《ママ》―明靖―静真―皇慶―院尊―経暹―念覚―基好―観性―慈円、という血脈がある（多賀宗隼『慈円の研究』五〇〇）。『大悲胎蔵八字真言』に関する問題については、拙著『台密思想形成の研究』第三篇第五章の第一節「慈円の「夢想記」と仏眼法」を参照されたい。

(12)『続群書類従』二八輯上―二一二下。

(13)『続天台宗全書』密教3―二三一下～二三二上。

(14) 赤松俊秀「慈鎮和尚夢想記について」（『鎌倉仏教の研究』）。多賀宗隼『慈円の研究』。三崎良周「慈鎮和尚慈円の仏眼信仰」（『台密の理論と実践』。初出は『密教文化』六九・七〇合併号）。阿部泰郎「宝珠と王権」（岩波講座・東洋思想一六『日本思想2』岩波書店）。同「慈円と王権」（『天皇制―歴史・王権・大嘗祭』）。山本ひろ子「双身の神智学」（『変成譜』）。田中貴子「〈玉女〉の成立と限界」（『外法と愛法の中世』）。尾崎勇『『慈鎮和尚夢想記』の方法」（熊本学園大学文学・言語学論集通巻二五号）、同『王と玉女―『慈鎮和尚夢想記』以前―』（同上通巻二六号）。拙著『台密思想形成の研究』第五章、また拙稿「慈円の夢想記と仏眼法」（福井文雅博士古希・退職記念論集『アジア文化の思想と儀礼』）。『慈円の「夢想記」と神祇思想」（『天台学報』四七号）。

(15)『真福寺善本叢刊』第二期―三―四三六上。

(16)『真福寺善本叢刊』第二期―三―四五一下～四五二上。なお、この引用末尾の返点は「定為女」とあり、本来は「為㆑女」とあるべきだが、原文がそうなっているのでそれに従う。このような返点は中世文書には度々見られるので、以下の引用もこれに倣って原文のままとしたものがあることをおことわりしておく。

(17)『真福寺善本叢刊』第二期―三―四四八下～四四九上。

(18) 従来知られていた『隠語集』は大東急文庫蔵『秘宗隠語集』で、大正九年（一九二〇）に白水生の「祕宗隠語集」（『禅宗』二七一―二）は、本書を栄西に仮託した偽書とした。また多賀宗隼「『秘密隠語集』―栄西の著」（『論集中世　文　化史　下　僧侶篇』）では、基本的には栄西の著作と認めはするが、内容のすべてを栄西作と認めるべきか疑念を抱いている。

(19)『真福寺善本叢刊』第二期―三―四四六下。

(20)『真福寺善本叢刊』第二期―三―四五四下。

(21)『栄西集　中世禅籍叢刊第一巻』翻刻篇三九五下。

(22) 日蔵（鈴木財団版）四七―三一四上。

(23) 伊藤聡「三宝院流の偽書―特に石室を巡って」（錦仁編『偽書の生成』）では、確実な胎内五位図の初見は円爾『瑜祇経見聞』とする。胎内五位説は古くインド大乗仏教以来、人間の死から次の生への中間期である中有の状態を喩えるものであるが、日本では一二世紀の真言僧覚鑁などから身中の仏性の段階を喩えるなど、主に密教思想の説明に用いられてきた。拙稿「円爾弁円の密教と台密」（『天台学報』五〇号）、「台密における胎内五位説の検討」（『福原隆善先生古稀記念論集　仏法僧論集』）など。

(24) 日蔵（鈴木財団版）解題一―二〇六～二〇九。『大日経見聞』に対する高木訷元の解題である。ただし栄朝の言説は実際上ほとんど知る術はなく、記述内容からいっても、「師云」は従来通り円爾の言説としても問題はないように思える。

(25) 日蔵（鈴木財団版）二六―三二六上～下。

(26)『続天台宗全書』密教2―二〇八下。

(27) 日蔵（鈴木財団版）二六―三五二下～三五三上。

(28) 小稿にかかわる拙稿としては、「栄西の密教思想」（『東洋の思想と宗教』二七号）。「日本密教の冥合思想―台密と栄西を中心に」（『東アジア仏教研究』七号）。「円爾弁円の密教説と台密」（『天台学報』五〇号）。「円爾弁円の瑜祇経解釈―一智法身を中心に」（『多田孝正博士古稀記念論集　仏教と文化』）などを参照。

鎌倉初期の東大寺再建と栄西

小原嘉記

はじめに

本稿は鎌倉初期の栄西の活動を、東大寺との関係を主軸にすえて捉え直すことを意図したものである。周知の通り、栄西は建永元年（一二〇六）から没年の建保三年（一二一五）までの間、第二代東大寺大勧進として東大寺造営に直接的に関与していた。しかし、それ以前にも栄西は間接的な形ではあるが東大寺との接点を有していた。

たとえば、初代大勧進重源は大陸から多くの文物や技術者を招来していたが、そこに栄西の関与があったことはこれまでも夙に指摘されてきたところであり、有名な宋人鋳物師陳和卿や建久六年（一一九五）三月の東大寺供養で勧賞に預かった海商李宇（『東大寺続要録』供養篇）を重源と結びつけたのは、博多近辺で活動する栄西であったと考えられている。重源と栄西は治承四年（一一八〇）の平家による南都焼き討ち以前から既に旧知の間柄であり（「栄西入唐縁起」）、栄西は重源の有力な協力者であったということができる。

以上のことを前提として踏まえた上で、本稿では以下の二点について考察を進めていきたい。一つ目は、大勧進就任以前の栄西の足取りについて、特に東大寺再建事業との関わりに焦点をあてて分析することである。無論、この時期の栄西は東大寺造営の当事者ではなく、それ故に先行研究においてもこうした観点からの検討はあまり行われてこなかった。しかし、栄西の行動と東大寺造営の進捗状況の間には、後述するように一定の連関を見出すことが可能である。そうした点に留意しながら、栄西の大勧進就任がどのような歴史的経緯の中で起こったのかについても見通しを得たいと思う。

二つ目は、大勧進就任後の栄西と東大寺再建事業の諸問題についてである。栄西期の東大寺造営に関しては基礎的な点を含めていまだ不明な部分が多いのが現状である。ただ、近年になって大勧進栄西に関わる新史料が発見されたこともあり[1]、史料条件は格段に改善されたといえる。よって、本稿でもそれらを用いながら栄西期の東大寺再建について幾つかの側面から検討を加えていき、この時期の特徴を明確にしたいと思う。

以上を通じて、近年急速に深化しつつある栄西論[2]の驥尾に付して、本稿なりの新たな論点を提示することを試みたい。

一　東大寺大勧進就任以前

最初に注目したいのは、栄西の第二回入宋のタイミングである。『元亨釈書』によると栄西は一回目の入宋後、インド行きのために再度の渡宋を希望していたが、檀那である平頼盛の同意が得られずに長らく鎮西に滞留したままの状態にあり、頼盛が没した翌年の文治三年（一一八七）四月になってようやく渡航が実現したとされている。しかし、栄西が頼盛の反対にあって日本に留まっていたという説明には疑問がある[3]。なぜなら、たとえ貴顕の支援がなくても、渡宋だけならば密航などの手段で比較的容易に実行することができたはずだからである。よって栄西が長らく渡宋しなかったのは物理的にそれが困難であったからということではなく、むしろ他に理由があったためと考えた方がよいだろう。では、その理由とは何か。おそらくそれは、彼が朝廷の許可がおりるのを待って渡航する方針であった点に求めることができるのではなかろうか。つまり、密航ではなく公的なルートを通じた入宋を模索していたということである。

栄西がそのような方針をとる理由の一つには、中国当局と交渉する必要があった点が挙げられよう。実際、栄西は臨安府で安撫侍郎にインド行きの通行許可を求めている（『興禅護国論』第五門、「栄西入唐縁起」）。その際、密入国した身元不明の異国僧という立場ではやはり具合は悪かったはずで、スムースに手続きを進めるには公的な形で入国した方が幾分なりとも有利になると考えるのは当然のことだったろう[4]。つまり、インド巡礼を円滑に進めるための方策として朝廷に渡航許可を求めていたと推測しうるのである。また、その他の理由としては、密航という手段だと公然と帰国できないか、あるいは帰国したとしても処罰される可能性がいまだ皆無ではなかった点などを考えることができると思う[5]。

いずれにしても、栄西にとって朝廷の承認を得ることは、自らの宿願を達成する上でもメリットはあった。従って栄西が実際には頼盛の伝手をたよるなどして積極的に朝廷への働きかけを行っていた可能性は高いだろう。しかし、朝廷からは一向に音沙汰がなく、頼盛没後の文治三年になってようやく後白河の承認を取り付けることができ、二回目の入宋を果たしたというのが実相に近いのではなかろうか。少なくとも栄西が建久二年（一一九一）の帰国の際に「吾忝為国主近属」（「天童山千仏閣記」）と虚菴懐敞に語っている点からしても、第二回の渡宋に後白河のバックアップがあったことは確かだといえる。

では、後白河の承認がどうして文治三年というタイミングで出たのだろうか。当時、栄西と後白河の間を仲介した人物は、この両者に所縁ある重源とみるのが自然だろう。しかも、頼盛の存命中には認可されなかったのであるから、重源のとりなしはかなり強力であったと推測される。それは単に知己への協力という以上のものであっただろう。逆にいうと、重源の側にもこの時に栄西の渡航を積極的に支援する何らかの思惑があったとみなすことができる。そのあたりの事情を当時の状況から考えてみよう。

表　東大寺造営と栄西の足取り

年	月	東大寺造営関連事項	栄西の足取り
一一八一(養和元)	十	大仏鋳造開始	
一一八二(寿永元)	七	陳和卿が大仏再建に参加	
一一八三(寿永二)	九		「重修教主決」を草し始める
一一八四(元暦元)	六	大仏鋳造終了	
一一八五(文治元)	八	大仏開眼供養	
一一八六(文治二)	三	周防国が造営料国に寄せられる	
一一八七(文治三)	四		南宋に向けて出帆（第二回入宋）
一一九〇(建久元)	十	大仏殿上棟	
一一九一(建久二)	七		南宋より帰国
一一九二(建久三)			千仏閣再建のため天童山に材木を送る
一一九五(建久六)	正	中門上棟 東大寺供養	天台山菩提樹を東大寺に送る
一一九七(建久八)	二	鎮守八幡宮上棟	
一一九八(建久九)	正		基好から八字五字真言印を受ける 「興禅護国論」を著す
一一九九(正治元)	六	南大門上棟	
	九		鎌倉に下向
一二〇〇(正治二)			鎌倉に寿福寺を創建
一二〇一(建仁元)	三	大仏殿廻廊完成	
	六		京都に建仁寺を創建
一二〇四(元久元)	四	東塔造営開始	
			「日本仏法中興願文」を著す 博多に聖福寺を創建カ
一二〇六(建永元)	六	重源没	
	十		東大寺大勧進に就任
一二〇九(承元三)	八		法勝寺九重塔造営を命じられる
一二一三(建暦三)	四		法勝寺九重塔供養
一二一五(建保三)	七		栄西没

養和元年（一一八一）から始まった大仏修造は、文治元年八月に行われた大仏開眼供養によって一応の区切りを迎え、その後の再建事業は大仏殿造営の方にシフトしていった。そのことは文治二年三月に「杣便宜之国」(6)たる周防国が東大寺に付けられたことに端的に示されている。重源は造営料国の付与をうけて直ちに周防国に下向し、杣の整備と材木搬出路の造成に着手した（『東大寺造立供養記』）。そして、それらの土木工事は文治三年初頭までには終わったようで、二月以降には材木引のことが本格的に問題になり始めた（『吾妻鑑』文治三年四月二十三日条）。つまり、文治三年初頭は造寺用材木の搬出が開始された時期に当たるのである。

このように建築資材が東大寺に搬送されようとする段階を迎えたとなると、重源にとっての次のステップは大仏殿の具体的設計ということになるだろう。その際、宋風モードの積極的な導入を進める重源は宋の建築技術や木工の招来を強く望んでいたと考えられるが、まさにそうした時期に栄西が渡宋しているのである。これは偶然とみるよりも、むしろ重源が栄西に中国現地において宋人技術者の日本派遣交渉を行うよう依頼していたためと考えた方が話は理解しやすい。少なくとも文治三年三月のタイミングで重源が栄西の渡航計画に積極的に加担する必然性は十分にあったといえる。そう考えれば、東大寺再建の主導者である後白河がこの時期に許可を与えたのも至極当然なものとして理解できよう。

さらに、史料的な確証はないものの、このタイミングの意味をより積極的に考えるならば、栄西が周防産の材木を伴って渡航した可能性を想定することもできる。既に指摘があるように、当時の宋では森林伐採による材木資源の枯渇が進んだ結果(7)、安価で優良な建築用材である日本産材木が求められるようになっていた。そうした状況下で宋の建築業関係者と接触するとなれば、現物の材木を手土産として交渉に臨むのが得策になるのはいうまでもなかろう。とすると、周防国から材木が搬出され始める時期とリンクするような形で栄西の入宋があったという点は、やはり注目される。つまり、重源は宋人工匠の日本派遣を実現させるため、栄西に材木とのバーター取引を持ちかけるように指示していたとみることもできるのである。[8]

むろん以上のことは推測の域を出るものではないが、それでも栄西の第二回入宋に関しては、その背後に重源の思惑があったとみることで、その経緯をより整合的に解釈することができるのである。

次に、宋から帰国した建久二年（一一九一）以降の栄西の動きを、引き続き東大寺再建事業との関わりから捉え直していこう。大仏殿の造営は、幕府の全面的な協力が得られるようになった建久二年末から急ピッチで進み、[9]建久六年三月に落慶供養を迎えた。この間、栄西は基本的に博多の地にあって、宋海商李宇を通じた唐本一切経の輸入や天台山の菩提樹を東大寺に送るなど、宋の文物を希求する重源に対して随時協力をしていた。いわば重源の宋風モード導入の窓口としての役割を果たしていたといえる。[10]もちろん、栄西は重源のために博多にいたわけではないが、東大寺再建における重源の良きパートナーであったことは間違いない。

しかし、その関係性もあまり不変のものとして固定的に捉えるべきではない。周知の通り、栄西は正治元年（一一九九）九月頃に鎌倉に下向し、以後は北条政子の帰依を得つつ鎌倉を中心に活動するようになる。[11]この栄西の下向前後の東大寺造営の状況を一瞥しておくと、建久六年に大仏殿の落慶、同八年に鎮守八幡宮の上棟と戒壇院金堂の再建、正治元年に南大門上棟が行われ、未造の堂塔はあったものの、とりあえず重源の復興事業は一区切りついた段階といえる。[12]事実、大仏殿再建後の重源の活動が東大寺の枠を越えて展開していくのはよく知られた事実である。[13]そして、あたかもそれと歩調を合せるかのように栄西も博多を離れ、禅院の建立など独自の「日本仏法中興」のための宗教活動に本腰をいれるようになるのである。これは造寺が一段落つき、もはや重源のパートナーとしての役割からある意味解放された状況を示すものとして理解できるだろう。

従来、重源と栄西の協力関係から、重源没後の栄西の東大寺大勧進就任はひとつの必然として捉えられてきた。しかし、栄西は博多にいる限りにおいて重源の東大寺再建に協力できる環境にあったとみるべきで、両者の提携関係は決して通時的・持続的なものだったわけではない。少なくとも博多を離れた正治元年以降は重源や東大寺と栄西の関わりは見えてこず、その点からしても栄西の大勧進就任を過度に必然視するわけにはいかないのである。

この点については、さらに別の側面からも明確にしていくことが可能であると思う。具体的には陳和卿の動きからである。章を改めて検討しよう。

二　陳和卿と栄西

宋人鋳物師陳和卿は「為商沽而渡日域」っていたところを、寿永元年（一一八二）に重源に請われて東大寺再建に参画することになった（『東大寺続要録』造仏篇）。おそらく彼はもともと貿易船の修理などを任務として来日して来た海商グループの一員だったのだろう。職人でもある彼が中国本土の建築業者と人脈を有していた可能性は高く、栄西入宋時の工匠派遣交渉を裏で斡旋したのも和卿その人であった蓋然性は十分にあると思う。

ところで、博多にいた和卿を重源に紹介したのは栄西であると一般に考えられている。実際に栄西と和卿の関係が非常に強いものであったのは確かで、重源や東大寺とトラブルを引き起こした和卿が重源没後にも引き続き東大寺惣大工でいることができたのは栄西の尽力によるところが大きかったと思われる[14]。ひとまず、両者の親密な関係を踏まえた上で、和卿の動きについて具体的にみていくことにしたい。

大仏鋳造が終了した翌年の文治二年（一一八六）、和卿は重源とともに周防国の杣に入って造寺用材木の確保に当たった（「東大寺造立供養記」）。その後しばらくは材木引の不調が続いたものの、建久年間初め頃には「惣大工[15]」として大仏殿造営に着手していった。こうしたことは今更いうまでもないことかもしれないが、ただ素朴なところで判然としない点もある。それは和卿の惣大工というポジションについてである。率直にいうと彼は一介の鋳物師に過ぎないわけで、本格的な建造作業を行うだけの専門的技能を備えていたとは考えづらい。いったい彼は惣大工としていかなる役回りを果たしていたのだろうか。

これに関して注目されるのは、建久初年頃から和卿が荘園を知行するようになる点である。具体的には、建久元年（一一九〇）末に伊賀国三ヶ荘（阿波荘・広瀬荘・山田有丸名[16]）、続いて同三年に播磨国大部荘が重源・後白河のラインを通じて和卿に与えられた[17]。さらに彼は、時期は不明なものの周防国宮野領（立券荘号は建久六年）も独自に入手していた[18]。これらは大仏殿造営が開始される前後の時期に集積されており、一見すると造営用途を捻出するための所領と考えてしまいそうになるが、しかし、必ずしもそうとはいえない。

たとえば伊賀国三ヶ荘について、和卿は「以件一郡三箇所充給和卿相折料已来、僮僕无泥朝夕、世途不及闕乏罷過[19]」と述べており、周防国宮野領も同じように「和卿衣食料」の所領とされていた[20]。しかも、建久六年の東大寺供養後に、これら三ヶ国の所領を含む重源系荘園の大半が大仏殿で行われる顕密仏事の供料荘園に再設定される中で、宮野荘だけは引き続き「宛衣粮之二事所給預也」として和卿に預けられたままであった[21]。以上のごとく、彼が領有した荘園はもともと生活用途の名目で付与されたもので、実質的には彼の自由裁量下にあった財源ということができる。

それを踏まえたうえで、ここで問題にしたいのは荘園付与のタイミングである。和卿は寿永元年（一一八二）から大仏鋳造に携わっているのであるから、建久初年まで下ってようやく生活費のための所領が与えられたというのはかなり奇妙であるし、たとえそこに随伴者の相節料分が含まれていたとしても、三ヶ国からの荘園収入というのはやはり過大といわざるをえない。こうした莫大な財源を建久初年のタイミングで和卿に付けることの意味はいったいどこにあったのだろうか。

ここで考慮すべきは、やはり大仏殿再建との関連性だろう。むしろ、既に述べた通りこれらの所領は造営料所そのものではないので、建造費の捻出を主眼としていたとはいい難い。となると、考えられる可能性の一つとしては、建造作業を遂行するための人的基盤の整備に重点が置かれていたと想定することができるだろう。つまり、和卿は惣大工として宋人技術者を含む大規模な工匠集団を組織・統括する立場にあり、彼らの生活や活動を支えるための財源として荘園を知行していたという解釈である。時期的にも大仏殿の建造に本格的に着手しようという頃であるから、工匠集団のための財源が用意されるタイミングとして決しておかしいものではない。

ただし、ここではさらにもう一つ別の解釈を提示しておきたい。それは貿易の資本として和卿に荘園が預けられていたという可能性である。[22]というのも、重源は大仏殿再建に必要な宋の文物・技術を取り寄せるために、和卿の有する海商ネットワークを使って彼に貿易を担当させていた節があるからである。たとえば、元久三年（一二〇六）に和卿のことを院庁に訴えた東大寺三綱等解には、「或仏殿造営之始、切破数丈之大柱、忽造私之唐船[23]」とみえており、和卿が貿易船の経営に関与していたのは間違いないところである。この解文自体は和卿のことを非難したものであるが、重源との不和がいわれるより遥か前の「仏殿造営」期のことであるから、造船という彼の行為は勝手な行動ではなく重源の意向に沿ったものとみるべきである。和卿は杣を有する宮野領を知行していたので、それを元手に貿易船を作ることも容易だったはずである。

また、和卿の貿易船経営については、鎌倉幕府との関係にも注意したい。『吾妻鏡』建保五年（一二一五）四月十七日条には、源実朝が阿育王山拝礼のために陳和卿に唐船を造らせたものの、その船が由比ヶ浜に浮かばず渡宋計画は失敗に終わったという有名な記事がある。実朝に渡航の意志が本当にあったかどうかは措くとしても、和卿に焦点をあててこれを解釈するならば、中村翼氏も指摘するように和卿が幕府を新たなパトロンにして唐船を造営し、貿易事業の展開を目論んでいたと捉えることができる。[24]彼は建永元年（一二〇六）に後ろ盾であった重源を亡くし、長年進止してきた宮野荘も東大寺に回収されて独自の財源を失っていた。こうした状況を勘案すると、和卿が大口の出資者を求めて幕府にアプローチをかけていたというのも十分に理解しうる行動といえるだろう。

和卿が「商沽」として貿易に関与していたことはこれまでも想定されてはきたが、ここではさらに一歩踏み込んで、大仏鋳造以後の彼の惣大工としての役割は貿易にこそあったと考えてみたい。つまり、技術者というポジションではなく宋風モードのコーディネーターとしての役回りである。この点はたとえば、重源没後にも引き続き東大寺惣大工であった和卿が、栄西や行勇の行う造寺・造仏事業に工匠として携わった形跡が殆どみえないことや、東大寺鋳物師という職人グループの形成に全く無関係であることなど、割合に早い段階で技術者としての性質を希薄化させていた点からも類推することができると思う。

以上のように、和卿の主たる活動が建久初年には貿易事業に移っていたとすると、栄西との関係で考慮すべき点がさしあたり三点ほど指摘できる。一つは建久三年（一一九二）に栄西が天童山景徳禅寺の千仏閣再建のために材木を輸送した件である。従来これらの材木は栄西が重源から入手した周防産材木であったとみる向きが多かったが、しかし『南无阿弥陀仏作善集』にこの作善に関する記載がないことを思うと、むしろ重源はこの件に不関与であったと捉えるべきだろう。では、栄西はどこから材木を手に入れたのかということとになるが、陳和卿からであった可能性は高いと思う。彼は杣のある宮野領を知行していたので、独自の判断で材木を融通することは可能であったし、比較的博多に近い周防国宮野領の材木は恰好の貿易商品になっただろう。この材木輸送は、和卿の貿易への関与とともに、彼と栄西の緊密な繋がりを示す具体例として理解することができる。

二点目は禅宗様の移入に関してである。和卿が知行した荘園のうち、伊賀国三ヶ荘と播磨国大部荘は建久六年の東大寺供養後に重源創始の大仏殿顕密仏事の供料荘園に寄せられてしまい、和卿のもとに残された衣食料所は宮野荘一ヶ所になった[25]。こうした財源の大幅な削減措置を受けてか、和卿は南大門が造営された正治元年（一一九九）頃より「全以不交造寺之操」という状態になった[26]。おそらく南都を離れて活動の場を他所に移したのだと思われるが、ここで注意すべきはそのタイミングである。というのは、それが前章でみた栄西の鎌倉下向の時期とほぼ重なるからである。これまでの二人の関係からすると、東大寺から離れた和卿が、栄西と同道していたかどうかは別としても、互いに連携して動いていた可能性は十分に考えられると思う。いずれにしろ、両者は共通して正治元年頃にこれまでの活動場所を去り、東大寺造営事業にはタッチしなくなるのである。

そして栄西は鎌倉下向後、正治二年に寿福寺（鎌倉）、建仁二年（一二〇二）に建仁寺（京都）、元久元年（一二〇四）に聖福寺（博多）と立て続けに禅院を創建した[27]。野村俊一氏によると、そこでは「重閣講堂」のごとく中国禅院にみられる楼閣建築が取り入れられるなど、後の日本の禅宗寺院に継承される建築上の特徴がみられるという[28]。また栄西がこれらの寺院で重視した僧堂も、おそらく自身が宋で体験した修行生活の場を再現するところに意図があっただろうから、その造営にあったては中国の建築様式の積極的導入が図られていたと推考できる。

ところで、栄西が造営したとされる唯一の建築遺構である東大寺鐘楼は、福建地方を源流とする重源の大仏様とは異なり、浙江地方に由来する建築技法が取り入れられており、その建築様式が後の禅院に継承されていった[29]。となると、十三世紀初頭の日本に浙江地方系の建築様式（禅宗様）が導入される契機としては、栄西による禅院建立をおいて他には考えづらいだろう。その際、宮野荘の収入を資本に貿易を行っていたと目される和卿が新しい建築様式の移入に一役買っていたという蓋然性は極めて高いと思う。禅宗様の導入については後の検討に委ねなければならない点も多いが、その背景に栄西と和卿の連携をみることは十分に可能だといえる。

そして、三点目は栄西の東大寺大勧進就任についてである。これまで栄西の大勧進就任は幕府の推挙によるものと推測されてきた[30]。むろん、幕府の口利きがあったことは十分に考えられるが、ただ先述したように正治元年頃から栄西と重源の関係性は希薄化しており、何よりも重源死没直後には大勧進ポストの存続自体が不確かな状況になっていた[31]。その点で栄西の補任は当時において決して必然視できるような事柄であったとはいえず、幕府の積極的な関与も無条件に想定するわけにはいかないのである。

では、栄西はどのような経緯で大勧進に就任することになったのだろうか。ここで注目されるのが和卿の存在である。彼は重源の晩年期には東大寺と不和になっており、元久三年には宮野荘も東大寺に回収されてしまい大きな痛手を蒙っていた[32]。ところが、どういうわけか和卿は重源没後にも東大寺惣大工の地位に留まることができたのである[33]。おそらく大勧進となった栄西が和卿の地位保全に尽力した結果だと思われるが、これを逆に捉えるならば、東大寺に関わる権益を全て失いそうになった和卿が、その危機を回避するために栄西の背後にいる幕府を前面に立てて朝廷に大勧進ポストの存続を働きかけ、栄西を登用させることで自身の権益の保全を図ったと理解することができるだろう。つまり、栄西の大勧進補任を画策したのは和卿であった可能性が高いのである[34]。

結局、和卿は惣大工の地位を守ることはできたものの、宮野荘の回復は叶わず、幕府を貿易事業のパトロンとする方向へと進むことになった。ただいずれにしても、貿易事業家である和卿と栄西の連携を踏まえることで、禅宗様の導入や重源没後の東大寺大勧進の問題をこれまで以上にクリアーに見通すことができるのである。

三　東大寺大勧進栄西

次に東大寺大勧進就任後の栄西についてみていこう。栄西は大勧進として東大寺鐘楼と戒壇院金堂廻廊・中門を再建し（「栄西入唐縁起」、「東大寺円照上人行状」）、重源が最晩年に着手した東塔（七重塔）については第三層の「柱立」まで作事を進めた[35]。しかし、重源期の状況と比べると栄西期の造営活動は全体的に不調であったといわざるを得ない。その最大の要因は重源没後に造営料国が収公され、財源不足に陥っていた点にある。ひとまず、こうした状況を踏まえた上で、ここではこれまで十分に論及されてこなかった幾つかの問題から栄西期の状況について考えることにしたい。

①瓦

重源期の東大寺再建瓦は造営料国の備前国に所在する万富瓦窯で生産されたものが主に使用されていた。一方、栄西が再建した鐘楼や大仏殿廻廊の補修用瓦の中には渥美半島の伊良胡瓦窯で作られた平瓦がみえることから、栄西期には伊良胡から瓦が供給されていたとする見解が出されている[36]。ただその場合、栄西の時に「東大寺大仏殿瓦」の刻銘をもつ瓦を作る必要があったのかという点で素朴な疑問が残るし、栄西門流の行勇以下の大勧進がこの瓦窯を師僧から継承していない点もやはり問題である。よって、栄西と伊良胡瓦窯を安易に関係づける前に、まずは伊良胡で東大寺再建瓦が生産されるようになる経緯を明確にしておく必要がある。

実はこの点については、既に清田和夫氏が的確に論じている[37]。その要点をまとめると以下のようになる。『南无阿弥陀仏作善集』には「伊勢国石渕尼公奉渡三尺地蔵菩薩一躰」という記載があるが、ここにみえる石渕尼公は外宮二禰宜度会常行の女であった。しかも彼女の父常行はまさに伊良胡御厨の領主であり、同御厨出身の女性（「伊良胡末吉女」）との間に春章（五禰宜）をもうけていたことも知られる[38]。つまり、陶器・瓦生産の盛んな渥美半島に所領をもつ度会常行・石渕尼公親子が重源の勧進に結縁し、東大寺再建瓦の供給に協力したと捉えることができるわけである。

重源と伊良胡産瓦について、別の側面からもみておこう。重源は建久七年（一一九六）に播磨国魚住泊・摂津国大輪田泊を修造するために朝廷に対して幾つかの申請を行った。その中の一つには次のようにある。

和泉・摂津・播磨・備前・備中・紀伊・伊勢・淡路・讃岐・阿波等十箇国津津浦浦幷河尻・淀津等、破損之船多以有之、各可令点之、(39)

港や防波堤を固める材料として十ヵ国および河尻・淀津から破損船を召し集めたいという内容である。地理上の便宜から瀬戸内縁海地域が対象になっているが、注意されるのはここに伊勢国がみえることである。これはつまり建久七年当時、伊勢と畿内との間で恒常的な舟運があった状況を示している。重源にとって自らの直接的な勧進範囲である伊勢地域から定期的に物資が届けられることは、ある意味当然のことと認識されていたのだろう。となると、この伊勢からの航路で運ばれた主要な物品の一つとして、渥美半島の先端にある伊良胡で生産された瓦があった可能性は極めて高いといえる。伊勢からの舟運の存在は、伊良胡瓦窯が重源期に操業されていたことを示唆するものとして理解できる。

そうすると栄西の再建とされる鐘楼に伊良胡産瓦が使われている点はどのように考えることができようか。ここで留意すべきは、鐘楼は伊良胡産瓦のみで葺かれていたのではなく、万富産瓦も同じく使われていたという事実である(40)。これはつまり、栄西が重源の時に寺内にストックされた瓦を用いて造営活動を行っていたことを意味しよう。しかもあまり品質のよくなかった伊良胡産瓦が使われているのは、良品である万富産瓦の備蓄が既に尽きかけ、かつそれにかわる別の瓦の供給も期待できない状況にあったためと考えられる。

栄西の東大寺再建が造営物資の根本的な不足という条件のなかで始められていた様子が窺えると思う。

ところで、真福寺宝生院所蔵「因明三十三過記」紙背文書の中には、瓦生産にかかわる次のような五月二十六日栄西申状（三号）がある。

□（一）□□□□（廓葺残カ）事

右霖雨之間、瓦焼事遅々候之間、如此候、雖一間未満之事、歎思給候也、如此細々被仰□候、畏入候也、不可申尽候、

これは東大寺東南院の僧侶に充てられたと思われる申状で、年次は稲葉伸道氏によって承元四年（一二一〇）以降に比定されている。この時期に栄西が瓦生産に携わっていたことが判明するが、その契機は承元三年八月から彼が担当することになった法勝寺九重塔の再建事業であった可能性が高かろう。というのも、法勝寺跡からは「東大寺」や「建仁寺」の刻銘をもつ鎌倉前期の大和系軒平瓦が採取されており、塔の造営・修造に当たった栄西や行勇との関係が想定できるからである(41)。栄西は法勝寺造塔のための瓦屋（造瓦工房）を利用して東大寺再建瓦なども生産し、財源不足で停滞する東大寺造営の状況改善を図っていたと捉えることができると思う。

②周防国

こうした点は栄西と造営料国の関係からも窺うことができる。周防国は重源没後に収公されて西園寺公経の知行国となったが、承元二年五月に法勝寺九重塔が焼失するに及んでその再建のための造国

に充てられた。当初は国主であった公経を奉行にして再建が始められたが造営は順調に進まなかったらしく、承元三年八月になって栄西に再建が一任されることになった（『元亨釈書』、「栄西入唐縁起」）。こうして栄西が法勝寺九重塔の造営料国である周防国を知行することになったのである。

ところで、前稿では建暦元年（一二一一）八月二十八日付の二通の後鳥羽上皇院宣を栄西の国務初任に伴うものとみて、栄西の国務開始は建暦元年までくだり、それ以前は国司から料物を受け取るだけの状態であったと解釈した[42]。しかし、これは失考であった。ここでいう建暦元年八月二十八日付の二通の院宣とは㋑「東大寺大勧進文書集」四五号文書（後欠の文書）と㋺「口宣綸旨院宣御教書案」所収の文書であるが、㋺は現状では文頭が少々唐突であり、前欠文書とみた方が適当なようである。そこで改めて㋑㋺を見直してみると、実はこれらは直接つながる一通の院宣として復元できることに気付く。全文を示すと次のようになる（㋑㋺の接続部分は」で示した）。

国中河関材木率分事、背先例不弁之由、太以無其謂、已為御塔造営遅怠之基、於」勅免之外所々者、早任先例可令致沙汰之由、可令下知給者、院宣如此、仍執達如件、

建暦元 順徳院
八月廿八日　権中納言在判

葉上房律師御坊

内容は周防国内の河川を流下する材木について河関で率分を支払うように命じたものであるが、これ以前は諸権門や地頭の対捍にあって率分の徴収がうまくいってなかったらしい。西園寺公経による造営が遅滞したのもこうした点に一因があったと考えられるが、栄西も実際に周防国の知行を始める中でこうした問題に直面したのだろう。そうであるならば、当該院宣は国務初任に関わるものとみるよりも、一定期間の国務執行によって浮上してきた問題点を改善するために出されたものと理解すべきである。よって、栄西の国務開始は承元三年八月からであったと素直に解釈するのが妥当ということになる。

栄西は重源の最晩年に始められた東塔再建事業を引き継ぐが、財源不足のために造営の進捗状況は芳しいものではなかった。さらに彼は寺家や衆徒から講堂・三面僧房の早期建設も強く迫られていたようで、「因明三十三過記」紙背文書の九月二日栄西書状（七号）では、

講堂・三面僧坊事、設被寄十箇国トモ誰人造候哉、…材木のあれハ米のあれハとて、無冥加て造事ハ不候也、返々不便事候歟、

と造営物資の深刻な不足を嘆いている。

こうした状況の中で栄西が周防国を知行し始めることは、東大寺造営事業にとっても一つの好機であった。栄西によって法勝寺造営用途の一部を東大寺の方に内々に融通することも可能になったからである[43]。そうした造営料物の流用は重源の時にもみられたもので[44]、決して特異な行為というわけではなかった。実際、栄西は周防国の材木を東大寺造営に充てていた節がある。「因明三十三過記」紙背文書の年月日未詳栄西書状（一四号）には、

大講堂・三面僧坊、争以宮野一処杣可被造哉、只是　君子詿惑
奉て、宮野許事に申侍てハ□堂ハ不作ハ不作□候かしと被存歟、
如法有若亡□無申限候、

とみえ、東大寺用の材木は宮野荘の杣で調達するように後鳥羽上皇から釘を刺されていたことが知られる。おそらく法勝寺用の材木の流用が上皇から問題視されたのだろう。

このように栄西は法勝寺九重塔造営料国である周防国の物資を私的に融通して、東大寺造営の活性化を図ろうとしていた様子が窺えるのである。結果として造営料物の流用は禁じられ、状況の抜本的改善には至らなかったのであるが、東大寺には国主栄西を通じて率分免除や守護勢力の排除[45]、さらには国衙目代を利用した荘園（宮野荘・椹野荘）年貢の輸送など[46]、寺領経営の上で幾らかの便宜が与えられたことは確かだといえる。

③東大寺鋳物師

法勝寺造塔が東大寺再建事業に与えた影響について、これまであまり関連付けて注目されてはこなかった東大寺鋳物師[47]の事例も付け加えておきたい。次の史料は建暦二年（一二一二）に出された鎌倉幕府将軍家政所下文の案文[48]である。

将軍家政所下　諸国関渡地頭等
可早任　院宣、勘免東大寺鋳物師等往反諸国市津関料山手渡
海煩事
右彼鋳物師等、去承元四年四月　所給院庁下文、子細具也、早
可勘免諸国市津関料山手渡海之状如件、地頭等宜承知勿違失、
以下、
建暦二年九月十三日　（位署略）

承元四年四月に後鳥羽院庁下文によって認められた東大寺鋳物師の諸国自由通行権を、建暦二年になってさらに幕府が保証した内容のものである。これとほぼ同一の文書のセット（承元四年の院宣と建暦二年九月十三日付の将軍家政所下文）が蔵人所灯炉供御人に対しても出されている点[49]からすると、これらは法勝寺造塔事業に有力な鋳物師集団をフル動員するところに眼目があったと理解できる。ともかくも、法勝寺造塔を機に東大寺鋳物師に特権付与がなされたわけである。

ところで、鎌倉中期の東大寺鋳物師惣官草部時助は申状の中で、この時以外にも建久五年と建永元年（一二〇六）の二度にわたり朝廷から特権保証の宣旨が下されたと述べている[50]。前者は東大寺供養の前年、後者は東塔の造仏開始の年に当たるので、これらは大仏殿の荘厳や東塔の造営・造仏を急ごうとする重源が物資調達の円滑化を図って朝廷に強く申請したものと推測できる。

そう考えると、承元四年のケースも造営責任者である栄西の側から申請があったことは十分に想定できるだろう。むしろ、東大寺鋳物師が対象に入っていることや、幕府にまで保証を求めていること自体に栄西の関与が示されているとみるべきかもしれない[51]。いずれにしても、法勝寺造塔を契機に公武権力から東大寺鋳物師に諸国自由通行権が保証され、彼等の物資調達能力の向上が図られたのである。この点は財源不足に悩む東大寺造営事業にもプラスに作用する

ものであったといえるだろう。

以上、①〜③から窺えるのは、栄西が法勝寺造塔を奉行することには東大寺にとっても多少なりともメリットが存在したという点である。結果的にそれで造営状況の抜本的改善がもたらされたとまではいえないが、東大寺大勧進栄西が法勝寺の作事を請け負うことの積極的意義は、栄西本人や東大寺関係者も十分に認識していたものと思われる。ただ、栄西が「国王の氏寺」たる法勝寺に関与したのは単に東大寺再建のためという以上に、王権への接近を試みる彼自身の能動的な意思があった点も見逃してはならない。従来この点は栄西の権力欲や名誉欲を示すものとして負の評価が与えられてきた部分であるが、最後にこの問題について触れておくことにしたい。

むすびにかえて——大師号と日本仏法の再生

栄西が賄賂などでなりふり構わずに大師号を得ようとしていたことはよく知られた話であり、彼の評価を複雑にしてきた要因の一つになっている。『沙石集』(巻十末)は、

遁世の身ながら僧正になられけるに、遁世の人をば非人とて云い、かひなき事に名僧思ひ合ひたる事を、仏法の為、利益無く思ひ給ひて、名聞にはあらず、

として栄西の真意は栄達ではなく仏法興隆にあったと述べており、近年ではこうした観点から栄西を再評価する動きもみられる[52]。しかし、『沙石集』の叙述には鎌倉中期以降の禅律僧のイメージを投影したところがあり、説明としてもやはり苦しい。そして何よりも栄西が重視したのは大師号であって、権僧正などの僧位僧官ではなかったことが理解されていない点も問題であり、無住の評価をそのまま鵜呑みにするわけにはいかない。

では、栄西の大師号へのこだわりは何であったのだろうか。結論を先にいうと、それは入宋僧としてのステータスの問題であったと考えられる。というのは、栄西以前の入宋僧は北宋の皇帝から紫衣と大師号を授けられていたのに対し、南宋は求法僧に対して同様の処遇をしなくなっていたからである[53]。栄西はこれまでの入宋僧が授与されてきた紫衣と大師号を自身が有していないことにかなりコンプレックスを抱いていたと思しく、次善の策として日本でそれらを補うことに躍起になっていたようである。

実際に栄西が朝廷から紫衣を与えられたことは『元亨釈書』からも確認できるが、元久元年(一二〇四)の「日本仏法中興願文」でも栄西は自身のことを「倭漢斗藪沙門賜紫衣阿闍梨伝灯大法師位栄西」と殊更に表現しており、紫衣を顕示するような姿勢をみることができる。

一方、大師号に関しては『吾妻鏡』に興味深い記事がみられる。建暦二年(一二一二)十一月八日に将軍御所で開催された絵合で、結城朝光が最澄・空海・円仁・円珍の入唐求法の様子などを描いた「吾朝四大師伝」を源実朝に献じた(同日条)。それは実朝の珍重するところとなり、翌年には表記の誤りの訂正作業も行っている(建保元年三月三十日条)。ここで注意したいのは、実朝が特に入唐の四大師伝絵に興味を示していた点である。その背景には、日本に新

仏教（天台宗・密教）を伝来した入唐求法僧と大師号のことについて将軍周辺で話題にのぼっていた状況を想定することができる。おそらく南宋の禅宗を初めて日本に伝えたことを自負する栄西が自らを擬えて吹聴していた可能性が高いだろう。すなわち、幕府を通じて大師号を得ようとする彼の働きかけと考えられるのである。

ただ、入宋僧の象徴になっていた紫衣と大師号に対する栄西のこうした執着を、単に彼の名誉欲や名声欲に帰してしまうのは適当でない。栄西は当時の日本仏教が戒定慧のうち智慧のみを重視して持戒・禅定を軽視するような風潮にあったことを批判し、禅教律を揃えた総合仏教の実践による日本仏法の再生(54)を企図していた（「日本仏法中興願文」）。そうした彼の構想において南宋の臨済禅は不可欠の要素であり、入宋求法僧に賜与される紫衣と大師号は、栄西にとって南宋禅の招来者としての正当性を特に証するものとして意識されていたと考えられる。それはつまり、自分が日本仏法の改革者であるという自己認識の表れであったともいえよう。大師号問題は日本仏法の再生を企図する栄西の強い使命感と表裏のものであったとみることができる。

（こはら よしき・中京大学准教授）

註

（1）吉川聡・遠藤基郎・小原嘉記「「東大寺大勧進文書集」の研究」（『南都仏教』九一号、二〇〇八年）、『中世禅籍叢刊第一巻　栄西集』（臨川書店、二〇一三年）。

（2）栄西論については、多賀宗隼『人物叢書　栄西』（吉川弘文館、一九六五年）が現在でも最も基礎的かつ包括的なものである。近年、栄西を論じたものとしては、榎本渉「『栄西入唐縁起』からみた博多」（『中世都市研究一一　交流・物流・越境』新人物往来社、二〇〇五年）、米田真理子「栄西の入宋」（吉原浩人・王勇編『海を渡る天台文化』勉誠出版、二〇〇八年）、原田正俊「日本の禅宗と宋・元の仏教」・野村俊一「栄西の建築造営とその背景」（『アジア遊学』一二二号、二〇〇九年）、大塚紀弘「東アジアのなかの鎌倉新仏教運動」（『日本の対外関係4　倭寇と「日本国王」』吉川弘文館、二〇一〇年）、渡邊誠「後白河法皇の阿育王山舎利殿建立と重源・栄西」（『日本史研究』五七九号、二〇一〇年）、久野修義『重源と栄西』（山川出版社、二〇一一年）、追塩千尋「勧進聖としての栄西」（『中世南都仏教の展開』吉川弘文館、二〇一一年）、中尾良信「栄西」（野口実編『中世の人物第二巻　治承〜文治の内乱と鎌倉幕府の成立』清文堂、二〇一四年）などがある。また、『栄西と中世博多展』（福岡市博物館、二〇一〇年）は現段階の栄西研究の達成を示す優れた図録である。

（3）この間に栄西が平頼盛と日常的に接触していた明証はなく、頼盛が栄西を引き留めていたという説明自体も虎関師錬による後付けの解釈であった可能性が高いと思う。

（4）延久四年（一〇七二）に密航した成尋がスムースに入国できた背景には、藤原頼通・藤原師実・藤原寛子などの権力者による私的な支援が存在した。ただし、これには勅許が得られなかったための次善的措置というニュアンスが強い。

（5）寿永元年（一一八二）に密航した戒覚は、博多から出航する際に「依恐府制、隠如盛嚢、臥舟底敢不出嗟」と述べている。栄西の第二回入宋に近い時期にあってもいまだ大宰府の出入国管理はルーズであったわけではない。

（6）元弘三年八月日東大寺申状土代（東大寺文書、『鎌倉遺文』三二五一六号）。

（7）岡元司「南宋期浙東海港都市の停滞と森林環境」（『史学研究』二二〇号、一九九八年）。

（8）たとえば、交渉派遣と引き替えに日本産材木の定期的な輸送を内容とした契約を中国の建築関係業者に持ちかけた可能性など想定できよう。

（9）拙稿「鎌倉前期の東大寺再建と周防国」（『南都仏教』九一号、二〇〇八年）。

（10）次章で考察するように栄西と陳和卿の結び付きは極めて強いものであった。よって、博多における栄西の活動は和卿が有する海商との人脈を基盤にしたものであったと考えられる。

(11) 栄西が源頼朝の息女三幡の病気に対する加持祈禱のため鎌倉に下向した可能性が高いことは、葉貫磨哉「平安仏教と黄竜派の発展」（『中世禅林成立史の研究』吉川弘文館、一九九三年）参照。三幡の死後、おそらくそのまま北条政子や源頼家・実朝等の個人的な治病阿闍梨の役を務めることになったのだろう。なお、栄西の治病阿闍梨としての側面は、久野修義氏が「日吉山王利生記」の記述から簡単な指摘を行っている（久野氏前掲著書）。栄西と北条政子・源実朝との関係については、中村翼「栄西門流の展開と活動基盤」（『年報中世史研究』三八号、二〇一三年）。

(12) 重源自身、建久六年には「已終造仏・造寺之功」と述べている。建久六年九月二十八日周防国玉祖社神殿宝物目録（玉祖神社文書、『鎌倉遺文』八一三号）。

(13) 大山喬平「俊乗房重源の宗教的経済活動」（『日本中世のムラと神々』岩波書店、二〇一二年）、横内裕人「重源の勧進と開発」（『日本中世の仏教と東アジア』塙書房、二〇〇八年）参照。

(14) （建永元年）十月二十九日後鳥羽上皇院宣案・建保三年七月九日後鳥羽上皇院宣案（「東大寺大勧進文書集」四一号・一七号）。

(15) 建久八年六月十五日重源譲状写（東京大学史料編纂所所蔵稲垣二徳氏謄写本、『鎌倉遺文』九二〇号）。

(16) 建久元年十二月十二日源頼朝下文案・建久元年十二月日後白河院庁下文案（『東大寺要録』第二、『鎌倉遺文』四九七号・五〇一号）。

(17) 建久三年八月二十五日官宣旨案（浄土寺文書、『鎌倉遺文』六一一号）、前掲註(15)文書。

(18) 建久六年九月日宮野荘立券文（上司家文書、『鎌倉遺文』八一五号）。

(19) 建久四年六月日東大寺三綱等陳状（龍松院文書、『鎌倉遺文』六七四号）。

(20) 前掲註(15)・(18)文書。

(21) 元久三年四月十五日後鳥羽院庁下文（随心院文書、『鎌倉遺文』一六一三号）。

(22) 海商に田地等の不動産が与えられた例は、李宇の「俸田伍町」（『東大寺続要録』供養篇）や筥崎宮の「宋人御皆免田二十六町」（承久元年六月日筥崎宮寺調所年貢結解、石清水文書、『鎌倉遺文』二五三三号）などが知られ、それらの所当は貿易の原資になっていたと考えられている。榎本渉「宋代の「日本商人」の再検討」（『東アジア海域と日中交流』吉川弘文館、二〇〇七年）参照。

(23) 前掲註(21)文書。

(24) 中村翼「鎌倉中期における日宋貿易の展開と幕府」（『史学雑誌』第一一九編一〇号、二〇一〇年）。

(25) 前掲註(15)・(21)文書。大仏殿顕密仏事については、横内裕人「南都と密教」（前掲横内著書に収載）参照。

(26) 前掲註(21)文書には元久三年の七・八年ほど前から和卿は東大寺の作事に関わっていないと述べられている。

(27) ただし聖福寺については建久六年創建説もある。

(28) 野村俊一「栄西の建築造営とその背景」（前掲）。

(29) 野村俊一「栄西の建築造営とその背景」（前掲）。

(30) 基本的には栄西が幕府僧であることから導かれた類推による。永村真「東大寺大勧進職の機能と性格」（『中世東大寺の組織と経営』塙書房、一九八九年）。

(31) 拙稿「〈重源遺産〉その後」（『日本史研究』五六六号、二〇〇九年）。

(32) 前掲註(21)文書。

(33) 前掲註(14)文書。

(34) むろん、そこには栄西の主体性も存在した。この点については本稿最後で私見を述べている。

(35) 「東大寺略縁起抜書」（筒井英俊「鎌倉時代に於ける東大寺の造営と勧進行勇（一）」『寧楽』八号、一九二七年）、（年未詳）五月二十六日栄西申状（「因明三十三過記」紙背文書三号）。なお、栄西自筆文書については『中世禅籍叢刊第一巻　栄西集』（前掲）の番号で示す。また、史料の読みについては影印により適宜改めた。

(36) 蘆田淳一「造瓦にみる鎌倉期の東大寺復興」（『南都仏教』八二号、二〇〇二年）。

(37) 清田和夫「伊良湖東大寺瓦窯考」（『渥美町郷土資料館研究紀要』二号・三号、一九九八年）。

(38) 「豊受大神宮禰宜補任次第」（『群書類従』第四輯補任部）、三重県小町塚出土瓦経（『平安遺文　金石文編』四四三号）。

(39) 建久七年六月三日太政官符案（内閣文庫所蔵摂津国古文書、『鎌倉遺文』八四七号）。

(40) 『国宝東大寺鐘楼修理工事報告書』（奈良県文化財保存事務所、一九六七年）。

(41) 上原真人「京都における鎌倉時代の造瓦体制」(奈良国立文化財研究所創立四〇周年記念論文集『文化財論叢Ⅱ』同朋社出版、一九九五年)。栄西・行勇等の建仁寺系の東大寺大勧進が大和系の瓦を基本的に用いている点も、瓦窯の継承という側面から理解できる。

(42) 吉川聡・遠藤基郎・小原嘉記「『東大寺大勧進文書集』の研究」(前掲)第三章の小原執筆部分。

(43) 稲葉伸道氏は承元三年八月以降、周防国は法勝寺造塔料国であるとともに、再び東大寺造営料国にもなったと理解するが(「『栄西自筆文書』解題」『中世禅籍叢刊第一巻　栄西集』(前掲))、やはり法勝寺造塔のみの料国であったとすべきである。建保四年後六月二日周防国国宣案(東大寺文書、『鎌倉遺文』二二四五号)に明らかなように、九重塔完成後に周防国はすぐに西園寺公経に返付されている。もし、周防国が東大寺造営料国でもあったとすると、東大寺から収公されてしまうことの説明がつかない。

(44) たとえば、『南无阿弥陀仏作善集』にみえる四天王寺塔修造や興福寺五重塔の心柱三本の施入などは、渡辺・泉木津の木屋にあった東大寺造営料物が重源によって流用された可能性が考えられる。

(45) (年未詳)十月十七日栄西書状(「因明三十三過記」紙背文書一五号)。

(46) (年未詳)三月十八日栄西書状(「因明三十三過記」紙背文書九号)には、東大寺に関わる仏事用途や僧供料について「周防智性阿闍梨許責遣候」とみえ、周防国目代智性(「周防国吏務代々過現名帳」)に指示を与えている。これ自体は国衙領の官物を融通したものかもしれないが、国衙領の官物と合わせて同国の東大寺領荘園の年貢等の輸送にも智性が関与していた可能性は十分に考えることができる。

(47) 東大寺鋳物師の概略については、『網野善彦著作集第七巻　中世の非農業民と天皇』岩波書店、二〇〇八年)参照。

(48) 建暦二年九月十三日鎌倉幕府将軍源実朝家政所下文案(真継家文書、『鎌倉遺文』一九四三号)。

(49) 建暦二年九月十三日鎌倉幕府将軍源実朝家政所下文案(中井家文書、『鎌倉遺文』一九四二号)。

(50) (年月日未詳)草部助時申状(丹下文書、『鎌倉遺文』七〇二六号)。

(51) 法勝寺造塔で職人グループが縄張り争いをしていたことは、(年月日未詳)栄西申状(興福寺所蔵「明本抄」巻十紙背文書)からも知られる。この史料には鋳物師(多治比則高と東大寺鋳物師草部是助)の対立も窺え、栄西が敢えて東大寺鋳物師を造営事業に参加させていたとみることができる。

(52) 大師号問題や栄西の叙任について近年論じたものに、船岡誠「栄西における兼修禅の性格」(高木豊・小松邦彰編『鎌倉仏教の諸相』吉川弘文館、一九九九年)がある。

(53) こうした変化については、榎本渉『僧侶と海商たちの東シナ海』(講談社、二〇一〇年)で簡単に指摘されている。

(54) 十二世紀末の法滅と日本仏法の再生については東大寺の再生と重源の宗教構想を軸に、横内裕人「東大寺の再生と重源の勧進」(前掲横内著書に収載)が論じている。

寺僧と遁世門の活躍
——戒律・禅・浄土の視点から

蓑輪顕量

はじめに

奈良の地に存在した巨大寺院であった東大寺と興福寺は、治承の兵乱でほとんど灰燼に帰した。その東大寺を復興するに際し、勧進聖たちは大きな役割を果たした。東大寺の復興に預かった勧進職の者は特別に大勧進と呼ばれたが、その最初が俊乗房重源（一一二一—一二〇六）である。彼は、当時の寺院の中に存在した階層の一つであった遁世門と密接な関係を持っていた。

当時の僧侶の全体は寺僧と呼ばれた。彼らは寺院に存在した「名帳」に名前を記すことで、その寺院に所属することを証明されたが、院政期の頃から寺僧の中には変化が生じており、交衆と遁世という二つの有りようが存在するようになっていた。(1) まずは、その両者の関係から確認していきたい。

一　寺僧　交衆と遁世

寺僧の中から、名聞利養を離れて遁世と呼ばれる僧侶が登場したのは、院政期の初め頃からであった。遁世は、最初は世をはかなんで庵や山間にこもるといった行為を指して述べられたものであったが、やがて積極的な意味を持つものが現れるようになった。彼らは院政期の末頃から注目されるようになった存在である。遁世と対比される存在は交衆であるが、交衆と遁世は互いに密接に関わり合っており、興味深い行動が、『円照上人行状』の中に見いだせる。次の資料を見てみよう。

【資料1】（東大寺教学部編『円照上人行状』以降、『円照』と略記）

㈠　巻上「円照兄弟　四男諱賢実、（中略）始終交衆、秀二逸寺門一。」（『行状』、一頁上）。

㈡　巻上「近日白毫寺有二良遍法印一。辞二本寺交衆一、遊二心於閑寂二。」（『行状』、一頁下）。

㈢　巻下「如空房理然、南京人也。本興福寺住僧、円縁大法師□弟子。辞二交衆事一、入二戒壇院一。本寺□還。暫還二交衆一。経二一両年一、亦来二戒壇一。本研二法相一、通二達因明一。学識敏利、讃仰飛レ名。」（『行状』、一一頁下）。

㈣　巻下「禅如房湛照、北京人也。本是天台経□僧正之門人。壮年遁世、住二招提寺一。彼寺衆主、附二之照公一、令レ住二戒壇一。」（『行状』、一一頁下）。

㈤　巻下「善忍房善濟、大和国人。多武峰住僧也。辞二彼交衆一、住二戒壇院一。）」（『行状』、一一頁下）。

（なお、右線は筆者、付す。以下同じ）

『円照上人行状』は凝然（一二四〇―一三二一）によって述作されたものであるが、興味深い例が散見されるのである。寺僧の中に交衆と呼ばれる僧侶の一群が存在し、その中から遁世をするものがあったことがわかる。しかも、遁世の一門が住した寺は、東大寺の中では戒壇院がその代表であり、戒壇院の末寺として真言院、新禅院、唐禅院、油倉、楞伽院、知足院などが存在したという[2]。また寺院全体が遁世門の住する場となっていた寺院としては唐招提寺が挙げられている。また㈡の記述からは、興福寺の遁世門の僧侶が白毫寺に住していたことがわかる。さらに㈢の記述からは、交衆を辞して遁世になったにもかかわらず、しばらく時間が経ってから交衆に戻り、また一、二年の内に再び遁世になった僧侶があったことが知られる。すなわち交衆と遁世とが、お互いにその身分を往来できる、緩やかな区分であったことが彷彿される。

このように、十三世紀の半ば頃の状況として、寺院の僧侶たち即ち寺僧は、交衆と遁世門とに二大別される状態であった。では、当時の遁世は、どのような性格を持っていたのであろうか。それを物語る資料が永村眞氏によって指摘されている[3]。次の資料を見てみよう。

【資料2】「行基菩薩舎利供養」

「正嘉三年（一二五九）三月十六日於大仏殿還行之儀式（如華厳会）

但無二北中門集会一。各先着二東西床一、一切経…御舎利行基菩薩遺骨也。自二戒壇一安レ輿奉レ入二大仏殿一。黒衣律僧等、為二御供一自二戒壇一至二南中門辺一、舞人楽人等参向。導師宗性法印、読師蔵円僧都、願主　大勧進円照上人」（永村眞『中世東大寺組織と経営』塙書房、一九八九初版、一九九六年再版、四五九頁）

「行基菩薩舎利供養」

「弘長三年（一二六三）三月二十五日於二東大寺大仏殿一奉レ供二養行基菩薩骨舎利一

臨二刻限一、楽人舞人為レ奉レ迎二御舎利一、参二向于戒壇辺一、即楽人等行列。次行基菩薩御骨安二御輿一、次律僧数百人行列。衆僧出二廊外一而列立、御舎利入御之時蹲踞、自二中門之外一、両方引列、又着二本座一了。律僧留二于中門辺一、御遺骨令レ入二大仏御前一給了」（永村眞前掲書、四五九頁）

この二つの資料は行基菩薩舎利会に関するものであるが、この法会は交衆によるもので「黒衣律僧」すなわち遁世門の僧侶は出仕しなかった。行基の遺骨を戒壇院から大仏殿に運ぶのみで、明らかに法会には参加していない。ここから、遁世門の特徴として、彼らは出世に繋がる法会には出仕しなかったことが知られるのである。つまり、中世の東大寺には交衆と遁世という二つの僧侶のありようが存在し、明らかに役割を異にしていたのである。

では、この時代、そのような交衆の代表的な人物は、一体、誰であったのだろうか。十二世紀末から十三世紀中葉にかけて、東大寺を代表する交衆は、実は尊勝院の弁暁（一一三九—一二〇〇）と宗性（一二〇二—七八）である。彼らは、寺院内の鎮護国家に繋がる公的な法会に出仕し、経典の講説や論義に励んでいる。彼らは、その記録を多く残した(4)。このように、僧侶世界で出世に繋がる法会に出仕し、出世の階梯を登っていく、伝統的なあり方を継承する僧侶たちが交衆であったのである。

なお、当時における交衆の出仕する法会の代表的なものは、倶舎三十講、世親講、法華会などであり、寺外の他寺院の僧侶も出仕する格式の高い法会は、興福寺の維摩会や法華会であった(5)。

二　寺僧の伊勢神宮参拝

交衆による行事の中で興味深いものが、伊勢神宮に対する参拝である。これは、治承の兵乱で焼けてしまった東大寺の再建のために重源らが行ったものである。しかもこの時には、重源と尊勝院の弁暁、および興福寺の貞慶とが参加していることが知られる。次の資料を見てみよう。

【資料3】『伊勢大神宮参詣記』

「逐申、於㆓雑事㆒者各可㆑随㆑身也。只宿所幷転読所、可㆑被㆑計㆓沙汰㆒也。東大寺勧進上人重源、当寺法楽於㆓常明寺㆒供養（導師南都尊称院僧都弁暁）。建久四年、同上人、二宮法楽、大般若経供養。所二見天覚寺。導師醍醐坐主勝賢僧正　曼荼羅供。外宮論匠、番民部卿已講（定範　布施人別帖絹一疋、砂金一両ツツ七十□）。建久六年四月十七日　於㆓菩提山㆒供養。十八日読誦。先日外宮法楽導師、侍従已講貞慶。今□内宮法楽、光明山僧都明遍、所㆑可㆑被㆑勤。聴聞衆□今日已講御房御説法候、諸人令㆑申□、依㆓所望㆒、貞慶、重被㆑勤之間、厳重不思議非㆑一。」（『真福寺善本叢刊八』古文書集1、勉誠社、一〜二紙）

建久四年（一一九三）には東大寺勧進の重源が伊勢に赴き、建久六年には興福寺の貞慶が参詣している。最初の参詣の際には常明寺において法楽を捧げているが、そのときの供養導師は尊勝院の弁暁であったことがわかる。なお、この時に読まれた資料は『大般若経』であったことが注目される。神祇の威力を倍増させるには『大般若経』が尤も効果があると考えられていたようである(6)。

ついで、二見の天覚寺において二宮（内宮と外宮）のために『大般若経』供養によって法楽が行われた。時に醍醐寺の座主勝賢が導師が努めて居ることが知られる。

このように寺僧の交衆に所属する僧侶たちも、遁世の僧とともに東大寺の再建に当たって伊勢に参拝しているのであるが、そのときに尊勝院の弁暁という当時の説法の名手が導師を務めていることは注目される。さらには興福寺の貞慶も伊勢に参詣している。中世の初頭には僧侶の伊勢神宮への参詣が、それまでの忌避を離れて行われるようになった点に注意しておきたい(7)。

三　遁世僧の活躍

院政期後半から鎌倉期初頭にかけての時代には、交衆の活躍もしばしば見られるが、一方で新しい視点から活躍する僧侶も現れていた。当時は栄西によって禅宗が紹介され、京都の俊芿によって宋代の南山律宗が紹介された時代でもある。奈良の地においても、このような禅や律宗の新たな運動に対応しようとした僧侶たちが出現したのである。そして、彼らが遁世門の僧侶であったと考えられる。彼らの中には、以前に交衆として論義法会などに出仕していた学侶の僧侶が含まれていた。

遁世の背景には、僧侶がその出自によって貴種、良家、凡人の三つの身分に分かれ階層化していたこと、それが僧侶世界の出世にも影響を与え、優秀な人材であっても高位になかなか上れない状況が出現していたこと、また交衆の出世システムである論義法会が形骸化し始めていたことなどが影響を与えていたと考えられる。

さて、注目される遁世の嚆矢は解脱貞慶であり、彼は将来を嘱望された僧侶であったが遁世をした。また唐招提寺の復興者とされる覚盛も、また興福寺僧侶として論義法会に活躍していた学侶の良遍も、その生涯の半ば近くで遁世していることが知られる。このように中世初頭には、交衆から遁世した僧侶が数多く輩出されていたと推定される。また彼ら遁世の僧侶が、南都における東大寺や興福寺の復興に積極的に関わっていたと考えられるのである。次の資料を見てみよう。

【資料4】「治承四年（一一八〇）源平争乱、東大興福、皆遇二回禄一、戒壇堂宇、皆帰二灰燼一。……爰有二蓮実上人者一、房号西迎、伊勢国人、……文暦嘉禎之間、蓮実上人亦来二南京一、住二東大寺一、勧二大仏灯油一、調二大会楽器等一。又興二隆戒壇一、安二置僧侶一。……遂二造営事一、偏是蓮実上人之力。実公亦造二東西七間僧房一。」『行状』（二下—三上頁）

【資料5】『律苑僧宝伝』実照律師伝「南都戒壇院、当兵燹之余、鞠為二荒墟一、有二西迎実公者一、見而慨レ之。究二心興建一、堂宇厨庫等、皆成二於指顧之間一」（旧版・大日本仏教全書一〇五、一四二下。以降、大仏全と略す）

この資料は源平の争乱で焼失した戒壇院の堂宇を西迎（房）蓮実が復興したことを伝える記事である。彼は東大寺の油倉聖であり、油倉の成立に繋がったとされる人物である。鎌倉中期の東大寺の復興に尽力した一人でもあり、戒壇院に七間の僧坊を寄進したことが知られる(8)。

四　三学の復興

中世東大寺においては、諸堂宇の復興だけではなく、教と行の復興も行われた。中でも最初に起こったのは戒律の復興であった。また独特の認識を伴ったが、それは新たな授戒式の創設でもあった。では次に、戒律の復興に焦点を当てて考察しよう。

南都で中世に至る前に戒律に関心を示し、復興を志した嚆矢は、中川実範（?―一一四四）である。彼は『東大寺戒壇院受戒式』一巻を述作しており、東大寺戒壇における戒律の授受における規則の復興を成し遂げている。それは古代の法進の『東大寺受戒方軌』一巻を踏襲するものであった。式次第は沙弥戒の授受から始まり、具足戒の授受に至ることが示されている。

【資料6】『東大寺戒壇院受戒式』

「一入堂儀式…一授沙弥戒…授具足戒…正受戒法…一説戒相（波羅夷法・四依法）……六念法…」

「此式者第七十四代　鳥羽天皇御宇、保安三年（一一二二）壬寅、中川實範大徳被レ造處歟。中古戒律相承名哲、其人也」（大正七四、三二中）

この識語からは、本書が保安三年（一一二二）に作られたものであり、また実範が中古の戒律相承の名哲であると位置づけられていたことが知られる。この後、いわゆる中世の戒律復興を担う僧侶は、まずは解脱貞慶（一一五五―一二一三）であった。貞慶の弟子からは戒如、覚盛らが輩出し、十三世紀の戒律復興が行われることとなった。その画期となる出来事は、嘉禎二年（一二三六）の東大寺法華堂における自誓受戒であった。この自誓受戒は、覚盛、叡尊、円晴、有厳の四名によって実行され、法華堂に参籠している間に、仏より磨頂される、天より花が降るなどの奇瑞を夢の中で感得し、それらの好相をもって仏から直接に戒を授かった証拠と考えた。

その後、覚盛は、新しい受戒方軌として通受を創始し、また、その主著となる『菩薩戒通別二受鈔』『菩薩戒通受遣疑鈔』の二つの著作を著した。そこにおいて、受戒儀を創設したのであるが、それを覚盛は通受と命名した。具体的には三聚浄戒を受けて菩薩比丘が成立すると主張し、また伝統的な白四羯磨形式の受戒方軌を別受と命名して別個に位置づけたのである。ここに中世南都の通別二受という新たな授法が成立した。(9) そして、同時代に東大寺に活躍した人物が凝然の師匠になる実相房円照（一二二一～七七）であった。

五　円照の修学―良遍から学ぶ

円照は良遍から法相の教学を学んだことが『行状』から知られる。次の記述を見てみよう。

【資料7】「遍公、興福寺之名僧、勝願院之英匠。（中略）照公入二彼門室一、学法非レ一。法相宗旨伝授。時良遍上人、請二禅慧大徳於竹林寺一、談二行事鈔一。照公同在二講席一、研尋陶練。照公年二十八、従二竹林寺一移二住海龍王寺一。（中略）毎日講談、自筆書二写比丘尼鈔一。」（『行状』、一頁下）

円照は、良遍の室に入り、法相の宗旨を伝授された。また良遍が禅慧大徳を竹林寺に招請し、『四分律行事抄』を講説させたときには同席し、律の修学にも努力したことが知られる。また律の修学は海龍王寺においても行われた。

【資料8】「照公、住二海龍王寺一、習律不レ懈。学戒有レ勇、菩薩戒宗、究二達巨細一。彼寺有二証学大徳一、是一方律匠也。常講二律部一、大被二大衆一。厥間照公、在レ席久聴。」(『行状』、二頁上)

【資料9】「然、震旦古来、解二四分律一、将二二十家一、伝二日域一者、智首、法礪、懐素三家現行二于世一。(中略)西大寺叡尊上人、時於二彼寺一、講二菩薩戒宗要等章一、照公就レ席、大談二意致一。」(『行状』、二頁上)

上記の二つの資料からは、日本に伝わった律宗の系譜が智首の南山律宗、法礪の相部宗、懐素の東塔宗であったことがわかるが、西大寺の叡尊が西大寺において元暁の『菩薩戒宗要』などを講じた折に、その講席に円照が預かったとされるから、彼は律宗の修学にも時間を費やしたことが知られる。また鑑真以降の律宗の展開の上では、中川実範が重要であることも語られる。

【資料10】「鑑真和上来朝以後、総経二三百七十一年一、其時中川本願実範上人、酬二興福寺西金堂衆欣西大徳之請一、広撿二律蔵一、専依二律鈔一、造二戒壇式一巻一、製二別解脱一軸一、中二興戒光一、製二別解脱一軸一、中二興戒法一、秉二御律宗一。戒壇受法、如レ説修行。鎮西観世音寺戒壇受戒、五人受法、此時複レ本。」(『行状』、二頁下)

さて、戒律の上では『四分律』及び『四分律行事鈔』が修学されたのであるが、実際にはその注釈書も併せて用いられた。それが次の記述に見える。

【資料11】「其後笠置貞慶上人、起二興律願一、普命二門人一、令レ講二学之一。即披二覧四分戒本一、研二定賓略疏一、研二学南山事鈔一。其大覚鈔批、志鴻捜玄、景霄簡正記、元照資持記、随皆罄レ之。智首、法礪、玄惲等釈、梵網大乗、太賢義寂等諸師解釈、皆咸研精。」(『行状』、二頁下)

中世の律学の復興は笠置の貞慶から始まり、『行事鈔』の注釈書として定賓の『略疏』、大覚の『四分律鈔批』、志鴻の『捜玄』、景霄の『簡正記』、元照の『資持記』などが用いられたことを伝える。次の資料を見てみよう。

【資料12】「興福寺松春上人、為レ興二隆東大寺戒壇院受戒之事一、南都諸寺安二五人律師一、令レ学二戒律一。乃東大寺、西大寺、大安寺、海龍王寺等也。」(『行状』、二頁下)

『行状』は、興福寺の松春上人は、律学の復興のために東大寺、西大寺、大安寺、海龍王寺などの南都の諸寺にそれぞれ五人の律師を置き律を修学させたと伝える。そして興福寺常喜院に安置された律学衆の中に覚盛が居たことが知られている。なお、『律苑僧宝伝』に語られるところでは、律学衆は二〇人と伝えられ、人数が一致しないが、おそらく『行状』の伝える五人と興福寺常喜院の律学衆は別扱いで有ったのかも知れない。

やがて、円照は、海龍王寺から戒壇院に移住した。この時には円照を含めて戒壇院の住侶は八人になったと伝える。

【資料13】「建長三年、円照等八人、移二住戒壇院一。皆是顕密両宗碩徳。（中略）禅心大徳、三論名哲、後入二大宋一、修二証禅法一。」（『行状』、三頁下）

この記述からすれば、戒壇院の住侶の中からは後に宋国に入り禅法を修学するものが出ているので、戒壇院が鑑真に由来するとした修禅の伝統を保とうと努力していたことが知られる。

【資料14】「于時照公、還二竹林寺一路次、往二彼実公一。実公語云、此寺造畢之時、可下以二上人一為中長老職上、須レ興二律法一、勿レ有二改変一。照公約諾無レ辞、実公喜躍無レ罔。」（『行状』、三頁上）

さて、戒壇院の伽藍復興の立役者は蓮実であることは先に述べたが、円照との関係は竹林寺に円照が帰る途中に、蓮実が円照に戒壇院の経営を委嘱したことに始まると伝える。油倉聖の蓮実にしてみれば、学侶の一人であり名実ともに名高い円照に委嘱することで、その実際の復興が完成すると考えて、その運営を託したのであった。

六　禅定の復興

東大寺の中で禅観の復興が戒壇院を中心に為されていった。それは戒壇院を起こした鑑真が天台の僧侶でもあったことを根拠とする。実際、東大寺の中に修禅の伝統があったことは『東大寺要録』の諸院章の中にも確かめられる。次の資料を見てみよう。

【資料15】『東大寺要録』巻四、諸院章

「三昧堂　治安元年（一〇二一）仁山大法師与二助慶聖人一、同心所二創建一也。同作二僧坊一、令レ住二六口三昧僧一、修二法華三昧之行一。又毎年夏中修二百箇日講一、并始レ自二八月十五日一三が日不断念仏。于レ今無レ絶。」（筒井『東大寺要録』九四頁）

これは東大寺の中にあったとされる「三昧堂」の記述であるが、六人の僧侶を住せしめて、法華三昧すなわち半行半坐三昧が行われたという。また同じ堂宇において「不断念仏」が行われたとも伝えられる。不断念仏という表現は、天台のものが有名であるが、それは昼夜途絶えることなく念仏を唱えることであった。また円照が禅に関心を寄せていたことが次の記述からもわかる。

【資料16】「常訓二門徒一云、身住二仏戒一。口作二仏語一。意住二仏心一。念々如レ是、念々如来。如レ説而行、如レ行而説、摂二持威儀一、名為二戒学一。毘奈耶蔵是故学知、名二之律師一。通二悟性相一、名為二恵学一、阿毘達摩所以精祥、名為二法師一。直指二己性一、名為二定学一、素多覧藏是故成立、名二之禅師一。禅・教・律三、唯在二一身一。非二是別宗別行之法一。不レ兼レ之者、非二真仏弟子一。兼二通之一者、名二真学者一。是故自身所レ学所レ行、兼包貫括、無レ不二諳練一。昼講二律部一、夜澄二自心一、証二悟覚性一。」（『行状』、三頁下）

ここの記述は、円照が常に門徒に諭していたことを伝える。威儀を保つことが戒学であり、性相に通じることが慧学であり、直ちに自己の本性を示すことが定学であり、定学は素多覧（スートラ）蔵によって成立すると述べていたという。禅教律の三つ、表現を変えれば戒定慧に相当しようが、その三つを円照は一身に担っていたというのである。しかも昼は律部を講説し、夜は自心を澄まして覚性を証悟させたと有るから、日中は他者のために経論の講説を重んじ、夜は自身の行を重んじていたと推定される。しかも、興味深いことに円照は、戒壇院の禅定は天台系のものが相応しいと考えていたと伝えられる。

【資料17】「照公常云、東大寺戒壇院者、鑑真和尚之所二建立一。和尚是天台之高徳、〈伝教大師伝云、鑑真和尚是天台宗第五祖師云々。恵思、智顗、潅頂、弘景、鑑真、如レ是承来。故為二第五一。若従レ顗而取、即第四祖也〉。最初大賚二彼宗章疏一、来二至此国一。今既和尚苗裔。故於二定恵一、学二天台宗一、弘二止観坐禅一。於二戒壇院一、事是宜焉。」（『行状』四頁下）

この箇所は、円照が常に戒壇院は鑑真の建立したところであるから、戒壇院においては定慧においては天台を学び、止観の坐禅を弘めるのが良いと語っていたところである。しかしながら、次の記述を見てみると、円照が語る禅は天台の禅ではなかったと言わざるを得ない。

【資料18】「真言、諸根具足、万徳円満、禅法、無相無念、無レ有二目鼻一。」（『行状』四頁下）

目鼻が無いという表現は遮詮の表現で有り、それは否定的に表現することであった。なお、このような表現は『宗鏡録』の中に典型的に見て取ることができる。『宗鏡録』には遮詮、表詮（肯定的に表現すること）、廃詮（言葉を用いずに表現すること）という三つの表現の仕方が紹介されているが[10]、『行状』に記される遮詮の表現は、禅宗から伝わったものと推定される。東大寺において中世の時代に、禅が再び注目されることになったことは間違いない。それも遁世の僧侶が住した寺院において注目されるものであったようである。

【資料19】「（新禅院事）文永十年癸酉夏頃、建二二間四面禅場一。以二一方一為二経蔵一、以二一方一為二禅室一。」（『伝律図源解集』『大仏全』一〇五、一二〇上）

新禅院は聖守ら遁世門の僧侶が止住した院家であったが、そこには経蔵と対になる形で禅室を配したことが知られる。また、次の資料は、円照の弟子になる凝然も、この聖守に付いて真言、天台、禅法を学んだと伝える。

【資料20】「（凝燃）随二聖守上人一、伝二真言天台一、談レ義伝二禅法一。」（『伝律図源解集』『大仏全』一〇五、一〇八上）

凝然は八宗兼学の学僧として名高いが、談義などを通じての修学以外にも禅法の修得を行っていたのである。このような点を強調してのことであろうか、江戸時代の編纂になるが、『律苑僧宝伝』では、

【資料21】「中道・実相二公、戒定兼明、福慧双足。」（『律苑僧宝伝』戒壇院実照律師伝、『大仏全』一〇五、二六六下）

と述べ、中道聖守、実相円照の二人は戒律にも禅定にも明るく、福徳智慧の双方を備えた僧侶であったと評価するのである。以上、中世東大寺の僧侶、なかでも遁世門の僧侶には、基本的に戒・定の遵守が確認されるのである。

さて、では彼らは一体、どこから禅定の重要なることを学んだのであろうか。それを知らせる資料が円尓弁円（一二〇二―八〇）の年譜の中に見いだせる。

【資料22】『聖一国師年譜』
「（建長）三年　師五十歳。戒壇院円照（実相房）受二禅戒一。」
（『大仏全』九五、一三八上）

円照が円爾の門室に入り禅戒を受けたと記されるのは建長三年（一二五一）の条であった。また『行状』によれば、戒壇院に住し始めたのも、同じく建長三年のことであったとされる。次の記事を見てみよう。

【資料23】「禅心大徳、三論名哲、後入二大宋一、修二証禅法一。真空、聖守、円照三般、共議二戒壇僧住之事一。（中略）真空上人、次住二持高野金剛三昧院一。厥後、還二木幡観音院一。聖守上人住二白毫寺一。後興二真言院一、立二新禅院一。円照上人独住二戒壇一、開二敷律蔵一、修二練定恵一。門輩甚多。各化儀助。于レ時照公、入二東福寺円尓禅師門室一、禅学修証、乃住二普門寺一、一夏工夫。門人数輩、随従而住。」（『行状』、三頁下）

戒壇院に住み始めた八人の僧侶のうち、禅心は入宋して禅法を学んだと伝えられる。すなわち円照の同門の中には、直接、禅法の修学に勤めたものが存在したのであり、その一人が禅心であった。つまり、円照及び円照の周辺の僧侶たちは、共通して禅宗に関心を示しており、積極的に関わろうとしていたと推定されるのである。

しかし、その禅は、大勧進職に任命された栄西（一一四一―一二一五）からのものではなかった。

【資料24】「然治承四年源平兵乱、東大・興福、皆遇二回禄一、戒壇堂宇、咸成二灰燼一。其後大和尚位重源上人、随二行基菩薩之先規一、補二造東大寺大勧進職一。大仏殿幷廊等、造功已畢、建久八年丁未、造二立戒壇金堂一。次権僧正栄西補二大勧進職一、造二金堂之回廊幷中門一。次荘厳房法印大和尚位、任二大勧進職一、造二立講堂幷両方廊宇一。」（『行状』、二下）。

治承の兵乱で灰燼に帰した東大寺の復興に大勧進職の重源が関わり、第二代目を臨済の栄西が継承しているが、『行状』の記述は、戒壇院の堂宇の復興に関わったことのみを記している。ちなみに大勧進職は次のように次第した。

重源（俊乗房）――栄西（葉上房）――行観（荘厳房）――円琳（一條房）――（中略）――円照（実相房）――円爾――聖

守――（以下、略）

しかしながら、臨済禅を伝えた栄西は『行状』の中では堂宇の復興に関わった大勧進職位の栄西としてしか意識されていなく、禅の復興との関係は微塵も言及されない。それは彼自身が東大寺での禅の興隆には関与していないことを、強く示唆するのであろう。

七　円照と浄土教の展開

さて、次に東大寺における浄土教の伝統について触れておきたい。凝然の述作した『浄土法門源流章』に近代の浄土教者として次のような僧侶の名前が挙げられる。

【資料25】 凝然『浄土法門源流章』

「近代以来、時有二英哲一、弘二浄土教一、遐邇流布。未三必依二拠源空所立一。即出雲路住心上人（天台学者）、生馬良遍法印（法相英哲）、木幡真空上人、本諱二定兼一、官二昇律師一。三論真言、美誉絶倫。東大寺知足院悟阿上人、習二学律並法相一。如レ是等師、皆学二浄教一、研究精祥、弘通化導。（中略）真空上人、三論名哲、遁世之後、専弘二真言一。（中略）悟阿上人、大弘二浄土一、五祖虬文、皆作二鈔記一。悟阿門人有二制心了敏両哲一、倶研二浄教一、大播二化導一。」（『浄土宗全書』一五、六〇一頁上～下、以下、『浄全』と略す）

出雲路住心上人、生駒の良遍、木幡の真空（廻心）、東大寺知足院の悟阿上人、そして悟阿の門人として制心、了敏の二人を挙げるのである。出雲路住心はその伝を詳らかにしないが、良遍、真空は法相、三論の著名な学匠であり、良遍と円照との関係は、同じく『浄土法門源流章』の中に次のように述べられる。

【資料26】『浄土法門源流章』

「東大寺有二円照上人一、道号実相、聡叡敏利、多レ聞深悟。大小化制、顕密禅教、解行通練、無レ不二貫括一。随二良遍上人一、習二学法相一、研二精浄教一、随二覚盛上人一、受二通受具足戒一、随二叡尊（興正菩薩）上人一、受二別受具足戒一。興二隆戒壇一、住二持竹林一、開二善法寺一、興二金山院一、講レ律授レ戒、弘二通真言一、説レ法開導、徳量多端、兼弘二浄教一、深入二幽致一。住心、良遍、真空等師、皆立二諸行本願義一、与二長西所立一、一同契会。悟阿所立、亦本願亦非本願。依二第十八願一、成二立此義一也。」（『浄全』一五、六〇一頁下）

円照は良遍に従い法相を学び、覚盛より通受の具足戒を受け、叡尊から別受の具足戒を受けたという。ここの通受、別受は、三聚浄戒羯磨により戒を受けるのが通受、白四羯磨により戒を受けるのが別受と考えられる。[11] そして、浄土教においては、出雲路の住心、生駒の良遍、真空等は、諸行本願の義を認め、浄土宗の長西の建てた義と同じであることを伝え、知足院の悟阿は、法蔵比丘の第十八願によって本願でもあり本願でもない（亦本願亦非本願）という義を立てたと伝える。

諸行本願の義とは、言うまでもなく念仏以外の様々な諸行が極楽往生の原因となると認める説である。一方の「本願でもあり本願でもない」というのは、中間の立場を示していると考えられ、諸行は本願でもあり本願でもないということは、念仏の一行に重点を置きつつも諸行に配慮した見解であると言えよう。

さて、円照にも浄土教の実践が存在したことが『行状』から知られる。その念仏には、興味深い実践が伴っていた。次の資料を見てみよう。

【資料27】『円照上人行状』巻上

照公遁世之後、数事遊参。延暦園城、洛中霊所、東山西山、四天王寺、磯長当麻、高野長谷、如㆑是遊歴、催㆑信養㆑意。普勧㆓道俗㆒、専念㆓弥陀㆒。大作㆓籍帳㆒、記㆓録名数㆒。（中略）即還㆓南京㆒、住㆓東大寺㆒。」（『行状』上、一頁下）

円照は遁世の後に、延暦寺や園城寺、京内の霊所、東山西山、四天王寺、当麻寺、高野山、長谷寺など畿内の著名な寺院を歴訪したと伝え、その中において念仏の信仰を養ったと伝える。そして、「大作㆓籍帳㆒、記㆓録名数㆒」とあるから、名帳を作成して、つまり名前を記入する台帳を作成して、人々に浄土信仰を推奨したと見られるのである。この名帳を作成して念仏を弘めるという形態は、早くには天台の念仏の行者の営みの中に見られる。例えば、院政期に活躍し後に融通念仏宗の開祖とされる良忍にも名帳の存在が知られている。[12]

さらに円照の念仏が「成就念仏」と呼ばれていたという興味深い記事が見える。

【資料28】『円照上人行状』巻中

「（於金山院）（中略）購㆓訓法華㆒、不㆑可㆑知㆑数、開㆓浄土法㆒、随㆑時是常。道俗湌法、群衆無量。貴賤帰㆑徳、本馳㆓靡窮㆒。寺院上辺、別立㆓庵宇㆒、号㆓密厳林㆒。照公於㆑彼修㆓練成就念仏三昧行㆒。□初乃千日、不㆑棄㆓寸陰㆒。即結㆓徒衆㆒、連続□習。其後随㆑宜、常時修練。行㆓来迎儀㆒、号㆓影響講㆒。成就念仏有㆓一巻作法㆒。音曲雅亮、聞者起㆑信。上人修㆓行此法㆒、即有㆓所証㆒。法門自在。非㆓他所㆑知。」（『行状』、六頁上）

円照の念仏が「成就念仏三昧行」と呼ばれて登場するのである。しかもその念仏は、初めに「千日」とあるから、かなり長い期間を目標に、しかも「寸陰を捨てず」との記述からすれば、専ら念仏に努めたものであったことが推定される。また、「音曲雅亮」とあるから、音楽的要素を十分に含んだものであったと思われる。成就念仏に「一巻作法」があったと伝えるが、残念ながら寡聞にしてその存在を知らない。

その念仏に関する記事は下巻にも現れる。

【資料29】『円照上人行状』巻下

「良円房良範、後改㆓興実㆒。（中略）照公和上、於㆓鷲尾別庵㆒、修㆓成就念仏法㆒、千日共行、其之一也。」（『行状』、一三頁下）

【資料30】「真乗房為全、平阿相時継公之舎弟也。本住㆓洛東小坂㆒、念仏音曲、巧妙獲㆑旨、随㆓従照公㆒、久経㆓年序㆒。成就念仏、伝㆑之積㆑功。照公病中、与㆓円晴公㆒、看視慇懃。即作㆓上人臨終之

記。」（『行状』、一三頁下）

この二つの記事は、円照の弟子の行状に関するものである。良円房良範と、真乗房為全という二人が紹介されているのであるが、照公は鷲尾すなわち京都の東山の鷲尾（金山院と推定される）において、この成就念仏法を千日を区切りとして実習していたことがわかり、それに良範も参加していたことがわかる。また為全も、同じくこの成就念仏を実践したことが知られる。ここにも「念仏の音曲」と出てくるから、音曲を伴った念仏であったことは間違いない。

そして、円照が念仏の中に生涯を終えたことも間違いない。

【資料31】 資料巻中『円照上人行状』巻中

「（建治三年）（円照）上人言曰、元興寺智光已詣二安養一、禅林永観亦生二極楽一、西方浄土、殊勝奇特。後学須二欣楽一。豈不二恋慕一乎。（中略）上人念仏称名、至誠連続、手持二念珠一、端座唱念、辰刻後文、寂静遷化。」（『行状』、八頁下）

円照は元興寺の智光や禅林寺の永観（『往生拾因』の作者で東大寺の別当を務めた）を慕っており、南都における念仏者を自らの模範にしていたようである。最後は端座して念仏を唱えながら迎えたと記されている。

さて、此処に登場する成就念仏がどんなものであったのか、その情報は少ないのであるが、「音曲雅亮」「念仏音曲、巧妙獲旨」などと表現されるところが考えれば、かなり音楽的な要素を持ったものであったのだろう。この点からすれば、円仁によって伝えられ比叡山に伝持された五会念仏の伝統を継承するものと推定される。その伝統の中から、院政期には良遍の融通念仏が登場し、大阪平野の大念仏寺、京都大原の来迎院などを中心に、その念仏が継承されたことが知られている。この音楽的な要素という視点から推定すれば、比叡山の大念仏、または良忍の念仏の影響が考えられる。

また、その念仏に「成就」という詞が冠せられるところからは、密教の成就法という意識も感じられる。『行状』によれば、円照は「真言は長男、禅は三男」と述べていたことが紹介されているが、その言動からは真言をもっとも大切な教えと捉えていたことが知られる。とすれば、「成就念仏」の「成就」は、真言の影響を受けて念仏の頭に冠されたものと考えるのがもっとも妥当なのではないだろうか。

八　凝然の禅の受容と活躍

凝然（一二四〇―一三二一）は青年十八歳の時に戒壇院の円照に師事したことが知られる学僧であるが、その生涯に書いた著作数は非常に多く、その思想の全体像を知ることはなかなかに困難である。ところで、五十六歳の時に執筆したと考えられる『華厳法界義鏡』は、彼の思想的立場を彷彿させる重要な著作であると位置づけられている。

【資料32】『華厳法界義鏡』

「（下巻奥書）御本に云わく、時に永仁三年〈乙未〉春二月二十四日、東大寺戒壇院においてこれを書写す。東南院上綱、予に命じてこれを撰ばしむ。同じき三月五日、俗甥の法子、実円禅明房がために書写してこれを与う。華厳宗の沙門凝然、報齢五十有六。永徳三年（一三八三）仲冬二十一日」（日本思想大系『鎌倉旧仏教』岩波書店、三〇一頁、（以降、『鎌倉旧仏教』と記す）

この奥書から明らかなように、凝然五十六歳の時の著作が本書で有り、彼の華厳教学を知るための最もまとまった教理書であろうと推測されている[13]。その『華厳法界義鏡』から、凝然の禅理解を探ってみようと思う。

『華厳法界義鏡』は全体が十の項目に分けられている。その十項目は左の通りである。

【資料33】『華厳法界義鏡』巻上

「一、教興の意致、二、名字を弁釈す、三、その体性を出す、四には行相を顕示す、五には観行の状貌、六には教を立てて宗を開く　七には本経の説相、八には修証の次第、九には所憑の典籍、十には宗諸の相承なり。」（『鎌倉旧仏教』、二二八頁）

このうち、五、観行の状貌、八の修証の次第の二つが行に関わる部分である。まず観行の状貌から見てみよう。

【資料34】『華厳法界義鏡』巻上　第五　観行の状貌

「今、華厳宗別教一乗は、正しく定学を詮わし、専ら心観を明かす。観行の方法、ただこの経に在り。故に演義鈔の一の下に云く、「経は通じて三学を詮わすと雖も、正しく定を詮わす。皆是れ如来定心の所演なるが故に。汝が説くところは、文語にして義にあらず。我が説くところは義語にして文にあらず。（中略）まさに知るべし、釈迦毘盧遮那、自内証の極み、物のために用を起こす、十門に性起無方の大法、始め出現惣相より、終わり性起見聞に至りて、皆是れ一乗海印三昧の所現にあらざることなし。即ち是れ定心、定用の致すところなり。……或いは是れ教主自ら三昧に入りて顕わすところの諸法の深義を示現す。海印は是れ通なり。諸会に通ずるが故に。毘盧遮那の蔵身等の定は、即ち別定なり。会の別を示すが故に。同聞の大衆も、また定心の受なり。初地已上、理心を証するが故に。況んや八地以上は無漏相続す。」（『鎌倉旧仏教』、二四七頁）

最初の部分の記述から、凝然が『華厳経』が定学を表し「観行の方法」を示す唯一の経典であると位置づけていることがわかる。先に『行状』の中で、彼が「素多覧蔵は定学」を示すと述べていたが、それは『華厳経』が観行の方法を示すものであると位置づけていることと符合する。凝然は、ここから経典が定学を表すものとの位置づけを得ているのであろう。なお、この位置づけは、その後にも登場する。

【資料35】『華厳法界義鏡』

「一経の始末、皆是れ定門なり。この故に九会の所説の法門は一一に即ち是れ観門の行なり。故に演義に云く、「四十二位の昭彰なる、ならびに観行と称す。九会五周の因果、仏道まさに円かなり。故に、もしくは相もしくは性、もしくは因もしくは果、観を成ぜざることなく、真に契わざることなし。経によりて修行せよ。ならびに是れ聖意なり。〈已上〉」(『鎌倉旧仏教』二四八頁)

ここでは『華厳経』の全体が最初から最後まで「定門」であるとも述べている。また経典を実際に読誦するのも定の意を離れないとも言う。

【資料36】『華厳法界義鏡』

「もしくは誦、もしくは読、もしくは書、ならびに心観に冥して、定意を離れず。境を泯じ、心を亡ず。説誦に違せず。説即ち無性なれば、無性にして説く。終日、読誦するは皆是れ観行なり。竟夜観修するはまた即ち書談なり。故に演義に云く、解に造りて観を成ず。事に即し行に即して、口にその言を談じ、その理に至る。〈乃至〉教は亡言の旨に合し、心は諸仏の心に同ず。教理の規に違うことなくして、暗に亡心の息を踏む。」(『鎌倉旧仏教』二四八―二四九頁)

読むことも誦んじることも、はたまた書くことも「定意を離れない」と述べているのであるが、これは心を一つの対象に結びつけることが三昧の基本的な意味であるから、そのように解釈することが可能である。なお、止観を説く上座仏教の集成書である『清浄道論』によれば、随念の修習の中に良い言葉を繰り返し心に思い浮かべ声にも出して確認するというのが登場するが、その延長線上に経典の読誦や念仏が存在すると位置づければ、読誦、書写などが定になることは間違いない。

そして、凝然は観行の中でもっとも大切なものは次の二つであると説く。

【資料37】『華厳法界義鏡』

「彼彼の門に随いて建立甚だ多し。今、精要につきて、二種の観を陳ぶ。一には三聖円融観を明かし、二には唯識観を明かす。…二門異なりと雖も、宗致是れ一なり。倶に法界惣具通の道にして、実に乃ち出離生死の道なり。要にしてまた勝れ、高くしてまた深く、広くしてまた長く、横にしてまた竪なり。頓超の法、速昇の行、是のごときの二門に過ぎたるなし。」(『鎌倉旧仏教』二五三頁)

その二つとは三聖円融観と唯識観であると述べている。三聖というのは大師毘盧遮那如来、普賢菩薩と文殊菩薩の三人のことで、唯識観とはすべては心が作り出したものであるとみる観察法のことである。唯識観として彼が何を具体的に観察することを推奨していたのか、説明が無いので不明であるが、三聖観は次のように説明する。

【資料38】『華厳法界義鏡』

(三聖観)当に知るべし、諸法は即ち是れ三聖なり。衆聖衆賢も、また是れ三聖なり。境法も是れ三聖なり。自心即ち三聖なり。一切皆是れ三聖にあらざることなし。是の如く諸門は、一念の心に在り。念念に心を観ずる、功行いよいよ大なり。もしこの観と契合相応せば、目に触れ、境に対して、刹那刹那に常に三聖および十方の諸仏菩薩を見る。一即一切なるが故に。心境無二なるが故に。(『鎌倉旧仏教』三五七―三五八頁)

引用文中の「一念の心に有り、念念に心を観ずる」などの記述は、達磨禅との親近性を感じさせる表現である。(14) いずれにしろ、凝然は観行にも言及しており、教学のみを重視していたことではないことが確認されるのである。

おわりに

中世の初頭、寺僧の中に交衆と遁世という二つの有りようが存在したことは間違いない。そして十二世紀末から十三世紀中葉にかけて、治承の兵乱で焼けた東大寺の復興に努力した僧侶は、交衆も遁世も同様であった。しかしながら、中世の奈良を特徴づける活動を行ったものたちは、遁世の僧侶たちであったと考えられる。その遁世門の多くが達磨禅に関心を示したこともまた間違いない。それも京都の東福寺の円尓弁円の影響が大きく、しかも奈良に与えられた禅の影響は、『宗鏡録』を介してのものだったと考えられる。

遁世門の僧侶が拠点とした場所は東大寺戒壇院であったが、そこにおいて禅定修行に努めていたことが推知される。中世の時代の復興は戒律や教学の復興だけではなく、禅定の復興でもあったと考えられるのである。その意味ではまさしく三学の復興であったろう。その端緒は、やはり宋から紹介された達磨禅の影響と言うことができるように思う。法会と修学に専心していた僧侶(即ち学侶)たちの中から定への関心を持ったものが現れ、彼らがその復興運動を推進したのだと考えられる。

また、一三世紀の中葉では、円照の活躍を忘れることができない。彼には成就念仏という名称で呼ばれる独特の念仏の実践が存在したことも、注目すべきである。この成就念仏は、千日を一つの期間の区切りとしていたようであるが、どの程度の広がりを持ったのか、また、どのような作法のもとに行われたのかは全く不明であり、今後の課題である。また円照の弟子になる凝然も、教学の上だけではなく、行の点でも注意しなければならない僧侶であることを確認しておきたい。

(みのわ　けんりょう・東京大学教授)

註

(1) 遁世について記した最初期のものは目方徳衛『出家遁世―超俗と俗の相剋』中央公論社、一九七六年、(中公新書四四三であろう。ついで大隅和雄『日本の中世2　信心の世界、遁世者の心』中央公論社、二〇〇二年、松尾剛次『鎌倉新仏教の成立　入門儀礼と祖師神話』中世史研究選書、吉川弘文館、一九八八年、増補新訂版一九九八年、菊地大樹『鎌倉仏教への道：実践と修学・信心の系譜』(講談社選書メチエ、二〇一一年)など。その中で菊地氏は、中心部にいるのが交衆で、周縁部に存在したのが遁世僧と考えるのが妥当であろうとの立場を取る。

(2) 永村眞『中世東大寺の組織と経営』塙書房、一九八九年初版、一九九六年第二版、四五五頁。

(3) 永村眞、前掲註(2)『中世東大寺の組織と経営』、四五九―四六一頁。

(4) 宗性の資料は東大寺図書館に、『法勝寺御八講問答記』『最勝講問答記』など数多く残る。弁暁の資料は金沢文庫に残されており、最近、翻刻資料集が出版された。『弁暁説草』『真福寺善本叢刊八』古文書集一、勉誠社、二〇一三年。

(5) 永村眞『寺院資料論』吉川弘文館、二〇〇〇年。

(6) 嵯峨井建『神仏習合の歴史と儀礼空間』思文閣出版、二〇一三年。

(7) 伊勢神宮が仏法を忌避していたと伝える最初の資料は平安朝初期に成立した『神宮儀式帳』である。また僧侶の伊勢神宮への実際の参詣は、ほぼ二の鳥居の処までであったと推定され、直接、傍らまでに云ったわけではなかった。また法楽も伊勢の地に建立された神宮寺において行われている。

(8) 彼の名前は元亨四年（一三二四）八月一一日付「故僧賢舜後家子息等料田寄進状」にも見えることが知られている。

(9) 蓑輪顕量『中世初期南都戒律復興の研究』法藏館、一九九九年。

(10) 遮詮及び表詮は、『宗鏡録』巻三四によれば「六遮詮表詮異者、遮謂遣其所非、表謂顯其所是（遮詮と表詮の相違とは、遮はそのそうではないことを遠ざけることを謂い、表はそのそのとおりであることを表すことを謂う）。」（大正四八、六一六中）と説明される。

(11) 蓑輪顕量『中世初期南都戒律復興の研究』法藏館、一九九九年、参照。

(12) 佐藤哲英『叡山浄土教の研究』百華苑、一九七九年、三四七―三七三頁。

(13) 鎌田茂雄「南都教学の思想史的意義」『鎌倉旧仏教』所収論文、参照。

(14) 但し、凝然は極力禅宗的な色彩を排除しようとしていたとの見解も存在する。藤丸要『華厳宗要義講説』永田文昌堂、二〇一四年、五七―七四頁、参照。

《付記》

本論文は文部科学省科学研究費基盤研究(c)「中世初期南都僧と禅宗の交流に関する思想的研究」課題番号二三五二〇〇六四の研究成果の一部である。

全体討論会「中世東大寺の華厳世界―戒律・禅・浄土―」

平成二十五年（二〇一三）十一月二十四日

進　行　木村　清孝（華厳学研究所・鶴見大学）
パネラー　蓑輪　顕量（東京大学）
岡本　一平（慶應義塾大学）
内藤　栄（奈良国立博物館）
水上　文義（公財・中村元東方研究所）
小原　嘉記（中央大学）

司会（教学執事）　時間になり、先生がたも登壇されてお揃いですので、総合討論を始めたいと思います。

本日研究報告されました四名の先生と、昨日、基調講演をしていただきました蓑輪先生と五名の先生がた、それから、進行とまとめを木村実行委員長にお願いいたします。特別講演の奥健夫先生ですけれども、文化庁の会議が入ってしまわれたので、残念ながら登壇いただけません。

それでは木村先生、マイクをお渡しします。よろしくお願いいたします。

木村　それでは、ただいまよりこれまでのそれぞれのご発表を受けまして、最後の総合討論を始めさせていただきたいと思います。

ただいま教学執事さんのほうからお話がございましたように、昨日特別講演をしてくださいました奥先生がどうしても抜けられない本務の仕事がございまして、残念ながらこの討論には参加できないということですので、ご了承いただきたいと思います。

なお、奥先生に対してご質問が一つ出ております。金鐘寺のことに関しての質問なのですが、この金鐘寺については、以前のこのシンポジウムですこし詳しく取り上げられたことがございます。ご質問くださったかたがたには、それをご参照いただければと思います。また、これから討論を進めてまいりますが、こちらの先生がたの中で、もし金鐘寺に関して、ご意見やご見識をお持ちの先生がいらっしゃいましたら、ご発言していただければと思っております。どうぞよろしくお願いいたします。

まず先生がた、限られた時間の中でそれぞれご講演、ご発表をいただきましたが、時間がなくて言及できなかった、けれども、これはぜひ言っておきたいということがございましたら、どなたからでもご発言いただければと思います。五分ほどでお願いしたいと思いますが、何かございますでしょうか。

よろしいですか。それでは、それぞれの先生に、ご質問なりご討論なりに対応していただくという形で、その折に必要があれば少し補足的なお話もいただきたいと思います。

なお、確認事項ですが、このシンポジウムは、専門分野を越えて、学際的な検討ができる、というのが一つの大きなメリットになっております。そこで、それぞれご専門を異にする、とはいえかなり重なるかたもいらっしゃいますけれども、他の先生がたの本日のご発表、あるいは昨日の蓑輪先生のご講演に関して、お聞きしておきたいということがありましたら、それもここで取り上げたいと思います。いかがでしょうか。では、蓑輪先生から、お願いいたします。

蓑輪　水上先生に、ちょっと一つお聞きしたいことがあります。東大寺の院政期末から中世にかけての復興のときに、俊乗房重源上人が登場します。重源上人が伊勢神宮に再建の祈願をしていたというのは有名なことだと思います。そのあと私の見てみました『円照上人行状』の中に西迎房蓮実が登場します。彼は、油倉の聖ですけれども、やはり戒壇院の再興のために伊勢に参詣したという記事が出てきます。

そののちの栄西に関しては、私自身がよくわかっていないところがあるのですけれども、神祇に対する信仰の点ではなにか特徴的なものはあるのでしょうか。ちょっと関心を持ちましたので、突然ですけれども、何かご見解がありましたら、お聞かせしていただけないと思います。

水上　栄西の神祇信仰ということでしょうか。栄西に限って言えば、これといった体系的な神祇思想というものはあまり見出せないのではないかと思います。表面的には少なくとも出てきていないだろうと思います。

ご承知のように重源なんかにしろ、それから慈円にしろ、あの時代には神仏習合というのは当り前の話ですし、特に真言律の立場から言えば、東大寺の大仏さま（毘盧遮那仏）は天照大神の本地という伝承がありますし、慈円自身、聖武天皇が東大寺を造ろうかどうか悩んだときに、天照大神が玉女の姿をとり、仏眼仏母となって聖武天皇の前に現れて、毘盧遮那仏を造りなさいというふうに言ったという記述が、『東大寺要録』の中にあるのを慈円は信じていたと、当たり前の話ですけれども、書いています。しかしすくなくともそういうような言動というのは、栄西の場合には、これといって指摘できるものは、これから出てくるかどうかわかりませんが、寡聞にしていままでのところは私は存じません。

木村　ありがとうございました。

それでは、私もいくつか先生がたにお聞きしたいこともございますが、フロアのほうからご質問をいただいておりますので、それらについて、それぞれの先生にお答えをいただきたいと思います。

では、まず蓑輪先生に対してでございます。叡尊らによって法華堂において自誓受戒が行われたということですが、どの程度世の中に受け入れられ、認められたのでしょうか。またその後自誓受戒というのは続いていったのでしょうか。途絶えたのでしょうか、というご質問です。自誓受戒に関してのご質問です。よろしくお願いいたします。

蓑輪　はい、自誓受戒が確認できる人というのは、叡尊らの前に一人おりまして、これは泉涌寺の開山になっています俊芿という方です。彼が自誓受戒をしたということが伝記の中に出てきていまして、たぶんそれでいいのだろうなと思われます。

その当時の自誓受戒の根拠は、『占察善悪業報経』という経典でした。その経典の中に如法の師がいないときには、三聚浄戒を授戒することで、具足戒を授かることができると書かれています。

自誓受戒が実際に『占察経』を元にして行われたことが確認できるのは、泉涌寺の俊芿と、自誓の四哲と言われますが、円晴と有厳、それから覚盛と叡尊、この四名のかたが東大寺の法華堂で行ったというのが、確認できます。

このときの叡尊の記録が『自誓受戒記』でした。

ところで、自誓受戒のいちばんの前提というのが如法の戒師がいないということです。戒を受けるというのは、戒体という名まえで呼ばれるのですけれども、戒を守っていく原動力になるものを師から受けることによって、その戒を守っていくことができるようになるのだという考え方が存在していました。ですので、その戒体をきちんと受けるためには、正統な授戒を受けた人から、守っている人から受けなければいけないという、そういう意識が存在していました。それが中世の覚盛や叡尊のときには、戒体が伝わっていないという認識の下に、自誓受戒を行いました。ある種の禅定体験みたいな中で、仏さまが現れて、頭をなでてくださるとか、あるいは天から花が降ってくるとかの好相を感得することによって、その戒体を仏さまから授かったと考えました。授戒の証拠として好相があるのだと考えて、自誓受戒を実行しました。

その後、自誓受戒をした人たちが十年たちますと、次の人たちに戒を授けることができるようになります。律蔵の伝統ですと、大僧と言われるのですが、十年きちんとお坊さんとしての生活をしていって、十分なものを身に付けたら、こんどはその人たちが戒師になることができるとしています。

ですので、叡尊の集団の中でも十年の時間をやはり待とうとします。しかし実際には、これを九年でやり始めてしまうのですけれども、このときの授戒をした人たちが先生になりまして、次の世代の人たちに戒を授けていくようになります。

ですから、自誓受戒というのは、最初のところだけ仏さまから直接に授かったら、あとはその人たちが伝統的なやり方にのっとってやっていけばよいというふうに考えていたようです。

ですので、世の中に受け入れられたのかというと、その自誓受戒としてはその最初のところだけで、必要がなくなっていきます。ところが中世の律宗の中では、非常におもしろいのですけれども、三聚浄戒を得ることによって具足戒が授かるという方法は通受という名前で実は主張されていくのですけれども、いつの間にか自誓受戒の方軌から拡大解釈され、師から具足戒を授かる新しい方式として認められるようになっていってしまうのです。奈良の地におきましては、良遍というお坊さまと真空というお坊さまがその新しい授戒のやり方に賛成を示したので、奈良の地のお坊さまたちは反対することができなくなってしまったという記事が、少し後の時代の資料なのですけれども、『徹底章』に出てきます。そして、その通受形式の具足戒の授戒というのが奈良の地においてかなり認められるようになっていきます。

ただどこまで認められたのかと言いますと、いわゆる遁世門の中では認められていくのですけれども、一方で伝統的な白四羯磨形式の授戒というのも、その後もしばらく継承されていました。

ですから全面的に南都のお坊さんたちが新しい主張に賛意を示したかというと、けっしてそうではなかったと考えられます。どのくらいの割合だったかというのはちょっとわかりませんけれども、遁世門のお坊さんたちには受け入れられて、ずっと継承されていきます。

この形式というのは、実は現代にまで伝わっていると考えていいと思います。

そういうわけですので、自誓受戒というのは、その後に継承されたのかというと、実は継承されたというふうには言えないというように思います。授戒の伝統がなくなったときに、新たに受け直すというのでしょうか、戒を発得し直すために使われたと考えていいのではないかと思います。以上です。

木村　よろしいでしょうか。どうもありがとうございました。

それでは次のご質問に移ります。さきほど申し上げましたけれども、奥先生のご質問にありました金鍾寺に関して、どなたか、この点について自分はこういうところで関心があるとか、こういうとらえ方をしたらいいのではないかとか、もし何かご意見をお持ちの先生がいらっしゃったら、お聞きしたいと思うのですが、いかがでしょうか。内藤先生、なにかございませんか。

内藤　私も、一般的なことしか存じ上げませんので、どういうご質問だったか、教えていただきたいのですが。

木村　ちょっと読ませていただきますと、東大寺の前身寺院である金鍾寺について、いま推定されるその成立過程に関して教えていただきたいということです。これが全体の趣旨でございます。あと福寿寺との関係などにも言及しておられますが…。

内藤　すみません、私は自分でまだそのあたりを研究しているわけではないので、発表を聞いたり、あるいは本を読んだ程度の知識しかないのですが、正倉院文書ですとか、『東大寺要録』などの中に福寿寺、そして金鍾寺、あるいは金鍾山房という名前が出てきます。それらがどういう寺院であったのかがなかなか難しいのですが、『東大寺要録』の中で法華堂について金鍾寺という注意書きがあります。それによって三月堂が金鍾寺の一部であった、さらに言うと、中心の堂宇ではなかったかと考えられています。

奈良時代において、東大寺の東側の山には千手堂などいくつかの山岳寺院が点在しており、それがまとまるような形で東大寺の上院ができ上がっていき、やがて東大寺の一部に組み込まれていったようです。

木村　ありがとうございました。

ご質問のかた、もしも、さらに詳しく知りたいということでございましたら、このシンポジウムの記録、今までの論集の中で、この問題をかなり詳しく取り上げているものがございますので、チェックをしていただければありがたいと思います。

それでは次の質問に移らせていただきます。

岡本先生に対して、分段身と変易身、この二つのものに関して、あるいはその所依となる「身」そのものについてもう少しわかりやすく解説をしてほしいということです。簡潔にまとめていただければと思います。

岡本　私が取り上げた二種生死というものですけれども、私の資料で出しましたように、『勝鬘経』に出てくるものが最初の典拠でございます。そこにありますように、分段死と不思議変易死というふうに書いてありますが、それが何であるかという具体的な定義はございません。で、これは一般的にこの解釈が始まるのが中国の隋代、浄影寺慧遠というかたぐらいから解釈が始まっていきまして、それから凝然に至るまで分段身に関して言えば、ほぼどのかたが解釈しても同じ解釈を取ります。それは分段身というのは、いわゆる六道輪廻あるいは五道輪廻をしている身体のことで、つまり人、天、地獄、餓鬼、畜生、修羅そういった身体に輪廻するということがこの分段身のあり方だというふうに解釈するのが通例でございまして、これはほぼ異説がございません。

ただ問題になるのが不思議変易死というものでございまして、これは一般的にはインド以来、輪廻といえば五道あるいは六道に限られていたものですから、これ以外に存在するわけがないのでございますが、不思議な生死のあり方があるのだということで出されてから、いろいろと異説が生まれていきます。そこで、その中でいちばん大きな問題は、『勝鬘経』と『楞伽経』という経典に、そのときに「意生身」ということばが出てきまして、「イ」というのは意見の意、こころです。「ジョウ」というのは「生」、そして「身」なのですけれども、一種のこころだけが独立したような存在で、非常に自由自在な身としてあるのだというようなことがこれらの経典では説かれています。

ただしこれが修行の身体といっても、なにかこころだけが独立しているものだと、霊魂のようなものになってしまいますので、あまりこのようなものが積極的に変易死の解釈として中国や日本や韓国で支持されていたわけではなくて、どちらかというと、抽象的に六道や五道の輪廻の身体のあり方とは、見た目は大きく変わらないのだけれども、その様子が修行が発展している段階なので、非常に細かい、精緻なものになっているのだというような解釈が一般的になっていきます。つまり変易生死をするといっても、三界の中の五道、六道以外のところに流転するわけではございませんので、やはりその中の身体の中の特殊なものとして理解されるようになっていって、特に法相宗の理解では、菩薩の修行段階の十地の中の八地以上の身として、そういった特殊なひとつの身体として扱われるようになっています。

言葉に関しても、不思議変易死というのは、『勝鬘経』に出てくるのですけれども、『勝鬘経』がサンスクリット本がまだ発見されておりませんので、ここの部分についてもまだ原語を何に当てはめていったらということもいろいろな議論があって、その語義解釈そのものも不思議というのは何が不思議なのかとか、変易というのは変化するという意味なのですけれども、何が変化するのか。そういうのもまだはっきりはしておりません。私の資料で言えば、そういった語義解釈の問題については、最近出ました松本史朗先生がそういった問題がまだ解決されていないということをご指摘しながら、ご自身のご解釈も提示されていますので、よろしかったらご本を読んでいただければよろしいかと思います。

木村　ちなみに、二種生死との関連で、授戒と変易生死、あるいは分段身が問題になるというのは、そのことと関係があるのかどうかということが、別のかたからご質問があるのですが、その点についてお考えがございますか。

岡本　はい、それこそ菩薩戒という非常に難しい問題で、それこそ蓑輪先生にお聞きしたいのですけれども、私がひとつわからない点があるのが、菩薩というものは発菩提心をおこしたら菩薩なのか。それとも菩薩戒を受けたら菩薩なのか。どちらも、菩薩というのはいったいどのようにしてその人を菩薩と呼べるのかというのは、実はちょっとわからない面があるのではないかと思うのです。

しかしながらやはり菩薩だということを前提にした場合に、大乗経典の通例でございますが、やはり二乗のままでは成仏できないというのが大乗経典の基調になります。そういった大乗の意識が強くなりますと、やはりそれこそ南都の鎌倉期でも問題になったのだろうと思いますが、いわゆる別受と言われている、いわゆる七衆の律儀、そういったものだけ受けている人は、菩薩だとは見なされなくなってしまう可能性があるわけです。つまり要するに声聞という意識を持っていたらどうかわかりませんけれども、戒律だけ見れば声聞なわけですから、そうなってきますと、やはりそういう人たちにも菩薩戒を受けてほしい。そして菩薩の自覚を持ってほしいと思うのであれば、やはりみなさんが声聞や縁覚にとどまるのではなくて、菩薩にかならずすべての人が転入しなくてはならない。そういうものを示すにはやはり古典的なテキストでいえば、『法華経』があって、その菩薩に転入するというか、みんな菩薩になるのだという考え方もございます。もう一つ究極的な阿羅漢にまで行ってしまった人が転入するにはやはり灰身滅智以降、再び心が生じて、また生まれ変わらないと菩薩にはなれないわけです。法相宗はそういう解釈を許しませんが、究極的な段階に行った人が、もう一回菩薩になるとするならば、やはり変易生死を乗り越えなければならないという、そういうものを考えたのだろうとは思います。そういう意味では、今生だけではなくて、来世においてでも菩薩になってもらいたいというのはあるのではないかなというふうに私は思っております。以上です。

木村　蓑輪先生、お名前が出ましたけれども、付け加えることはありますか。

蓑輪　日本の仏教者の人たちは、自分たちは声聞であると思っていた人たちはおそらくいらっしゃらないと思うのです。天台系の人たちは南都系のお坊さんたちのことを声聞だというような言い方をしますけれども、南都のお坊さんたちはけっして自分たちが声聞だとは思っていないのです。奈良のお坊さんたちも具足戒を受けてから、やはり菩薩戒を受ける。菩薩戒を受けるときには、順番は具足戒を受ける前の場合もあれば、受けてからのちも出てきます。それで今回のシンポジウムの中で話題になりました中川実範ですけれども、彼の作った資料の中には実際にその授戒をしたあと、それをきちんと守れていたかどうかを確認する、インド以来の伝統の布薩という行事があるのですけれども、その布薩の行事がきちんと行われるようにしようという意図がはっきりと見えます。十四日には具足戒の布薩をし、十五日には菩薩戒の布薩をする、ということをやっています。南都のお坊さんたちも基本的には自分たちは菩薩である。法相も大乗であり、菩薩であるという意識で動いていると思います。

木村　どうもありがとうございました。

それでは水上先生、これは基本的なことでございますけれども、概説的な仏教書の中には、鑑真さんが日本にもたらした戒律が、栄西禅師から崩れ始めた、というように説くものもあるようですが、どうでしょうか、という質問です。平安期の天台宗における円頓戒の成立に関わって、というのが、より一般的かと思いますが、その辺りも含めてご意見がございましたらお願い致します。

水上　ご質問は、鑑真が日本に持ってきた戒律が崩れたのは栄西からだと聞いたことがありますが、どうでしょうか、ということですけれども、結論から申しますと、栄西にとって全くの濡れ衣です。むしろ、蓑輪先生がちらっと触れられましたように、南都の戒律の復興のうちの一員—主要メンバーではなかったかもしれませんが—一員ではあったということであります。これは補足したほうがよろしいでしょうか。鑑真の持ってきた戒律が崩れたというのは、たしかに崩れております。それは守っている、守っていないとかが問題ではなくて、形式のうえでも、具足戒、いわゆる比丘戒をとっているのは、南都の諸宗と真言宗など、二百五十戒を守らなければならないはずのかたです。それに対してほかの教団は、比叡山の菩薩戒ないしは、菩薩戒ではなくさらにもっと簡略化したり、あるいは無戒を主張したり、というのが日本仏教の現状です。

これを「崩した」という言い方が適切であるかどうかは問題がありますが、その改変をしたと言いますか、コンセプトを変えたというふうに私は言ったほうがいいと思うのです。構想を変えたその最初の人間は最澄です。蓑輪先生がおっしゃったように、日本には実際には大乗仏教しか伝わっていないわけですが、最澄に言わせれば、南都の仏教、特に法相宗などは大乗仏教だと自分たちは言いながら、守っている戒が小乗の戒ではないか、大乗仏教には大乗の戒があってふさわしいはずで、それが『梵網経』に基づく菩薩戒である。だから私は、東大寺で受けた戒を捨て去る。そして比叡山にそれとは別に菩薩戒の戒壇院を造るのだということを主張します。

それこそが大乗の戒であると彼は主張するのですが、それに対して当時、僧綱のトップにいた興福寺の護命（ゴミョウ）が、そんな話は聞いたことはない、最澄は頭が狂ったのかと言って攻撃をするわけです。確かに本当の事実関係だけで言えば、最澄の主張はまちがっています。日本以外の—南方仏教はもちろん—朝鮮半島にいたる大乗仏教圏の国は、どこもすべてが具足戒を採用しています。菩薩戒だけで良いとして通用するなんていうことを言っている国はただの一つもありませんでした。ですから最澄の主張には無理があったわけですが、しかしながら最澄は日本に具足戒は向かないというふうに考えていたのだろうと思います。その基本は彼の言っている真俗一貫、つまり出家者と在俗の人たちとが協力をして日本を仏教国にしていくことが日本人のためだという、彼の主張を具体化するものがおそらく菩薩戒の導入だろうと思うのです。それで比叡山では菩薩戒だけの戒壇ということになります。そういう意味では日本の戒が崩れた元凶は、栄西さんではなくて、むしろ最澄さんにあるということが表面上の問題として言えます。

ただこの問題点は、たしかに朝廷は当初は最澄の主張を認めませんでした。それは僧綱の主張のほうが正しいからです。しかしながら最澄が亡くなるとその七日目、初七日の日に嵯峨天皇の勅許をもって認めるのです。そして日本は世界中でただ一つのインターナシヨナル・スタンダードから外れた、菩薩戒だけで比丘になれる仏教国ということになります。

先ほどの発表では、ちょっとわかりにくかったかもしれませんが、あの中でも言いたかったことと重複するのですけれども、日本仏教あるいは日本人の宗教意識というものを考えるうえに、これは非常に示唆に富む選択ではなかったのか。それは最澄のやったことがまちがっていると思えば、その弟子や孫弟子たちが、いくら宗祖が言ったことだとしてもあれはないよといって、もとへ戻すとか、それから鎌倉仏教を興した祖師たちが、最澄の言っていることはいくらなんでもおかしい、それはもう具足戒しかないでしょうというべきで、実際に当時入宋僧の中には中国に渡って、門前払いを食いそうになっている人もいるのです。あなたのは比叡山の菩薩戒で、比丘戒ではない、出家者でも在家者でもどちらにでも通用する戒でしょう、そんなものは比丘戒として認められませんよ。中国で受け直すか、東大寺の戒壇院で受けてきてくださいといって、門前払いを食わされそうになる人が出るわけです。そういう事情というのを当時の人たちも知っているわけですから、にもかかわらずだれも菩薩戒だけでいいという発想をやめようとしなかった。この事実というのはいったいなんだろうというのが、正直言って私の感想です。

木村　どうもありがとうございました。

付け加えますと、いまの菩薩戒の問題ですけれども、現在の日本の伝統仏教の中でいちばん大きな宗派の一つ、曹洞宗では、戒律のことに関しては完全に菩薩戒に統一しておりまして、十六条の大戒と申します。つまり、三帰戒、仏法僧の三宝に帰依するということと、菩薩戒の柱になる三聚浄戒、すなわち、摂律儀戒、摂善法戒、摂衆生戒、そしてあと梵網経の十重禁戒です。四十八軽戒は入りません。それらを合わせ十六条の大戒ということで、これを受けることが坊さんのとなる基本条件とされています。もちろん、それだけでお坊さんになれるというわけではありません。お坊さんになる基本条件として十六条の大戒を受けるということがあるということです。これはまさに天台のまさに流れを受けて、大きな社会的勢力となってきたと言えるだろうと思います。こういう点から、十六条の大戒にまとめられた曹洞宗の菩薩戒は、たしかに日本人に合った戒律思想であるといえるかもしれません。

用紙で頂戴した御質問は以上でございます。いま栄西さんの位置づけの問題についてお話が出ましたので、それに関連して、小原先生にお聞きしたいと思います。最近になって、新しい資料が出てきて、新しい研究が始まっていると聞きます。現在の時点でこの栄西さんという人間というか、宗教者をどういうふうにとらえたらいいのか、先生御自身はどういうふうな受け止め方をされているのか、そのあたりのことをお話ししていただけますでしょうか。

小原　実はそのあたりは私はほんとうはペンディングしたいところであったのですが、近年になって、宝生院（大須観音）から出てきた著作などをもとにして、また研究が活発化してきている真最中です。私はちょっと様子見をしようというスタンスでこれまでいたのですが、今回ちょっと声をかけていただいたもので、それで考えてみたのですが…。古くは多賀先生もおっしゃっていることですが、この密教僧としての栄西、最近はこのあたりにだいぶスポットが当たり出しているのかなと思います。結局二回目の入宋のあと、そこから禅僧としての側面がこれまでは言われてきたのですが、ただそれでも鎌倉幕府との関係を強めていく際にも、結局禅ではなくて密教僧として行動しているし、幕府もそのように扱っているというのが現在の研究であろうかと思います。それでこれまではそういった純粋な禅ではないので、ちょっと栄西の評価というのが（禅宗史のなかでは）難しいというふうに言われていたのが、最近はそういった前提つまり、純粋禅かどうかという考え方自体がそもそも出発点としておかしいという話になってきています。そこで栄西という人物を、私がどう考えるのかと言いますと、たとえば重源が、日本仏法を再生させるのだという意志のもとで東大寺の再建をなしたことを、横内裕人先生が指摘されています。それで栄西ですが、東大寺の再建にそういう思いを持っていたかどうかは別として、宗教的な実践者として、日本の仏教者は結局戒定慧のうち智慧ばかりであって、禅定・戒律のほう、こういったものを疎かにしている。これに比べて南宋の禅なんかを取り入れて、そのうえで総合仏教を日本にも築き上げていくのだというふうな、そういった意味での日本仏法の再生というのを彼は実践していきたいと思っていたのではないか、というのが、現在のところの私の見方になります。

それがら当たっているかどうかという教学の話は、私は本当に疎いので、しかるべきかたにむしろお教えいただきたいというふうに思います。

木村　どうもありがとうございました。

時間が、もう少しございます。予定には入れておりませんでしたけれども、最後までお残りいただいたみなさんの中で、このことをぜひ聞いておきたいというご質問や、このことを知っておいてほしいというご意見がございましたらお願いしたいと思いますが、どなたかございますか。よろしいでしょうか。

では、とりあえず中間的なまとめをさせていただきます。

今回は蓑輪先生の基調講演に始まって、こちらにお並びの四人の先生にそれぞれのご専門の分野に即して問題を絞り込んでいろいろな大事なご発表をいただきました。さきほど控室のほうで話をしておりましたが、今回、中世東大寺の華厳世界ということで、副題に戒律・禅・浄土というのを付けさせていただきました。実は、中世の東大寺さんのありようがどんなものであったのか、そこでの教学なり、教化の展開がどういう形でなされたのかといったことについて、ほとんどこれまで本格的な検討が行われてこなかったのです。それでこういう表題、副題を掲げまして、それぞれの先生がたに苦労していただきながら、研究発表をしていただいたということでございます。

今回のこのシンポジウムを通して、全体的にぼやっとではあると思うのですが、その姿が浮かび上がってきた。それぞれのみなさんの頭の中でもすこしずつ固まりつつあるのかなと思います。そして、全体的に申しますと、これまでの仏教史の中で、常識的に枠づけされて理解されてきた、いわゆる概説的な仏教史の理解というものが、改めて今回のシンポジウムを通して問い直されることになったのではないかというようにも思うのです。ですから、これをきっかけとして、新しい日本の仏教の研究、あるいは東大寺さんの研究が、さらに発展するような方向が生まれればいいなと心から願っているところでございます。

いかがでしょうか。この機会に先生がたのほうから、もしご発言がございましたら、お聞きしたいと思います。では、内藤先生、どうぞ。

内藤　きょう、奥先生がいらっしゃれば、直接聞きたかったのですが、きのうの奥先生のお話の中で、八角二重基壇が大事なポイントになっていました。この八角二重基壇の下段に四天王像や梵天像、そして執金剛神像がおり、それらは彩色のある像です。ところが上段の不空羂索観音像は金色像であったと聞いたときに、これはきょうの私の話に関連があるかもしれないと思いました。実はわが国では、二重の基壇あるいは三重の基壇をしばしば目にするのです。たとえば、法隆寺の金堂にある釈迦三尊像は、二重の台座の上に安置されています。なぜ二重の台座なのか。小さいお像だから高く上げたのかとも考えてしまうのですが、やはりそうではないと思います。二重に意味があると思います。この台座をよく見ますと、絵が描いてありまして、台座を須弥山として描いているのです。つまり二重の台座は、須弥山を意識している、と考えることができます。

ところで、戒壇は三段に作られていますが、これは授戒において須弥山に登るのだという意識を持っていた可能性はないでしょうか。たとえば、段を上るごとに欲界、色界、そしてさらに無色界という感覚を持って授戒を行うことはないものでしょうか。もし、可能であれば、せっかくの機会ですので、東大寺のどなたかにお聞きしたいと思っております。

木村　恐縮ですけれども、東大寺の長老さま、あるいは若手のかたがたの中で、いまの内藤先生のご質問にお答えいただけませんでしょうか。では、森本公誠長老、よろしくお願いいたします。

森本公誠長老　東大寺を代表するような形になってしまって、これはちょっと困ったなと思っているのですが…。たしかに戒壇堂で受ける具足戒は、ほんとうに私の場合は、平川先生に来ていただいて、あらかじめ講習会みたいな形でお話を伺って、もう次から次へと、そのときの戒師は唐招提寺の森本長老だったのですけれども、その中ではそういう意識を持って受けなさいよという話はもちろんなかったと思うのです。要するに東大寺の僧侶としてはいちばん最初得度を受けますので、そこで初めて頭を剃るわけですけれども、そういうところから始まって、お水取り、修二会のときに八斎戒を期間中二回受けるのです。八斎戒をなぜ二回受けるかということも、賞味期限が一週間しかないということで、二回受けるのだと思うのですけれども。やはり受けることによって、次第次第に心が高まっていくのです。普段は正直言って現在のところは、ごく一般の方と同じような生活をしていますけれども、その行に入るとき、あるいはもっと前に加行というたいへん長い行がありますけれども、そのときに自分自身を縛って、そしてそのことによって得られる結果、これは目的ではなしに、偶然的に得られるとか、人によってこれは違うわけですけれども、そういうことが大事なのであって、最初からその悟りを得るというのが仏教では目的とされているけれども、しかしそのようなことで授戒を受けるのではない。それは一つのワンランクにすぎないというぐらいの意識ではないかなと思うのです。

内藤先生がおっしゃった東大寺は、段階をそういう須弥山に近づくように意識しているかと言われると、そこまでは意識はしていないのではないかと思います。須弥山世界そのものがどういう世界であるか、ことばはいっぱい遣いますけれども、ほんとうに精神的な高まりというのをどこまで修行しているかというと、なかなか心もとない話だと思うのです。しかしながらいろいろなこと、俗事のことも踏まえながら、やはり自分たちの立ち位置というものを次第次第に意識をして、そしてすこしでも自分が生きているということの意味がなんらかの意味でほかの人にもお役に立つことがあればいいかなと、私としてはその程度のことなのですけれども、まさか三段階を段階的に踏むということの意識は、そこまでは高くないと思っております。それでいいでしょうか。

木村　たいへん恐縮でございました。ありがとうございました。内藤先生、よろしいですか。

内藤　どうもすみません。ありがとうございました。

木村　おそらくいま森本先生がおっしゃった、段を上がっていくという考え方、たとえば神道の方でも、神社の階段、その長い階段が続くのは、その一歩一歩を踏みしめていく中で、心を段々にきれいにしていって、神さまにお会いするというような話がありますね。日本人の心性には、もしかしたらそういうのが一般的にあるのかもしれませんけれども…。それともう一つ、三界説の話ですが、須弥山は頂上でもまだ欲界に属します。だから三界の全体を超える、迷いの世界全体を超えることになってはじめて聖なる世界に入ります。ですから、須弥山説と三界説、それといまの基壇の問題というのを一つにする、というのはすこし無理があるかなと思いました。ご参照までに、ひと言付け加えさせていただきました。

内藤　ありがとうございました。

橋本聖圓長老　ちょっとお願いいたします。

木村　はい。どうぞ、橋本長老さん。

橋本聖圓長老　橋本でございますが、いま森本長老からのお話がありまして、東大寺で戒壇をどういうふうに考えているかという、きちんとした認識があるわけではないのですが、われわれが戒というものにどういう思いを持っているかということは、私はもともとは、初めは西洋哲学を志しておりましたのですが、倫理学というのはもう自分が守れそうにないので、敬遠して遠ざけておりまして、戒律の場合も、出家という身でありながら戒律についてはとうてい守れそうにないので、なるべく身を引いておりまして、あまりはっきりした認識がないのでございますが、内藤先生がおっしゃいましたあの壇については、耳学問ですが、二つ聞いておりまして、一つは戒壇院の壇は三聚浄戒を象徴したものだというふうなことを前の長老から聞いたことがありました。建築士のかたからだったかと思いますが、戒壇の壇というのは、もともとインドで授戒というのは塔の基壇の上で行われたので、戒壇というのは塔の基壇を表したものだというような、これも根拠がおありなのかどうかよくわかりませんし、どなたかからお聞きしたか、はっきりしたことはわからないのですが、いちおうそういう見方があるということだけご紹介しておきたいと思うのです。森本長老が言われましたように、戒師の唐招提寺の森本長老からわれわれがしかられたことの一つは、前には戒壇院の壇上にみなさん登っていただいて、四天王の拝観といいますか、拝んでいただいていたのですが、戒壇の上というのはもっとも神聖なところであって、周りを二重に結界して、戒壇院そのものが、授戒堂そのものが神聖な場所である以上に、戒壇の壇上というのは、授戒の儀式のときに受者と戒師、その他関係者しか登らないので、一般の人がああいうところに登るのはけしからぬ話だというので、おしかりを受けまして、それ以後四天王の安置の仕方を変えまして、下の壇から拝観していただくように変えたということがございまして、律宗のかたがたはその戒壇の上というものはそれほど神聖な場所として尊んでおられると、われわれにその自覚はなかったというようなことがあるのですけれども、きちんと書物に基づいて研究したことでございませんけれども、そういうことを耳にしておるのですが、ちょっとご紹介申し上げます。

木村　どうもありがとうございました。私自身もたいへん勉強になりました。

ほかにはよろしいでしょうか。はい、どうぞ。

岡本　水上先生に教えていただきたいのですけれども、華厳思想と密教、いま先生がおっしゃったように似ているところがあって、それは先生のおことばによりますと、最後の資料のところにありますように、現実世界の中で現世において至高の悟りを見出そうとする現実肯定的な仏教思想という、華厳思想もそういう傾向が強いものでございまして、それは先生のご指摘のとおりだと思うのですけれども、一方でこう言っては失礼なのですけれども、現実に悟れなかった、つまり理論的にはこの現世において悟れる、もしくはブッダになれるのだという意識で理論が構築されているはずにもかかわらず、現実にはやはりブッダになれないということは当然あるし、それはかりなのではないかと思うのです。そういったときに、なんらかの形でやはり来世に期待をつなぐとか、そういうことがやはり必要になってくる、そういう意味でも凝然は、生死というもの、やはり今世で成仏は理論的に可能であっても、それはたとえば華厳宗であれば善財童子が一生に成仏された、授記を与えられたということが目標ではありますが、なかなかそうはならないと考えた。密教のほうの立場では輪廻とか来世についてはどのようにお考えなのでしょうか。この現世だけで決着しようということになるのでしょうか。

水上　正直に申し上げますと、空海さんもこの身のままで成仏できると思っていたかというと、私は本音のところでは思ってはいなかったのではないかという、たいへん失礼な発想が出てしまうのです。というのは、どの段階で悟れたかというのは、たぶんその本人にとってはわからないのだと思うのです。周囲の評価によってあの人は仏陀であるということだろうと思うのです。ですから現世においてというのは願望です。で、当然のことながら来世でということももちろんありますし、唯識などの初期の大乗仏教でしたらば―南方仏教はそもそも成仏などということは考えないですから―何劫でしたか、無量阿僧祇劫…

岡本　早くても三阿僧祇劫ぐらいはということです。

水上　三阿僧祇劫だとおそらく宇宙が消滅してしまうぐらいの年数ですから、なれないと言っているのと一緒なのです。それをやはり大乗仏教である以上は、自ら仏と同じ悟りを得るということが目標になったのだろうと思います。

この即身成仏というのは空海さんの専売特許みたいに言われていますけれども、いちばん最初に言っているのは、中国天台の湛然という唐代の人なのです。この人の即身成仏というのは、瞬時に、瞬く間に、この一生のうちに、という意味に使って、その次が不空訳と言いますけれど不空作ではないかと私は思っているのですが、『菩提心論』で即身成仏といい、これは空海さんと同じ使い方で、この身のままで、ということです。いまお尋ねの、どうしても今生で成仏できないのに対して、密教でどう考えているかといいますと、空海の文献を見ますと、正直のところ彼は密教の即身成仏というのは、三密修行法というのが完成して仏と一体化できるのは十地の菩薩、つまり菩薩の中でも最高位の菩薩に近い、そのグループを指して言っている形跡が高いのです。ただそれが以後の日本仏教、日本密教の発展の中でどんどんレベルが下がっていって、凡夫ですら成仏できるという言い方になります。ですからやはりこれは日本仏教の本音と建前、あるいは中国仏教の本音と建前といいますか、そういう現世では本当はやはり無理なんだよなという本音の部分と、仏になれるという建前の、二重構造的部分が東アジアの仏教には、えてして私はあるのではないかと言うと、身も蓋もない答えでいけないでしょうか。

岡本　ぼくはまったく異論がないのですけれども、つまり凝然においても、やはり華厳思想においてはやはり一生において獲得するほうが理想なのですけれども、なんらかの形やはり生死は想定せざるを得ない以上、凝然の奥書を見ましても、これだけ一生懸命本を書いていてもなかなか菩提は獲得できないけれども、かならず成仏できるのだ、みたいなことは縷々縷々書かれますので、一生涯において。期待はしているけれども、なかなかそうならない現実というものをどう考えるのかという問題があるので、特に日本はそれが顕著のような気がします。どうも水上先生、ありがとうございました。

水上　これはもう一つ補足しておきますと、特に仏教に関してこれが正統派とかこうあるべきという先入観的な見方をすると、仏教というのは釈尊の考えた原始仏教というものの概念と、それから大乗仏教と、そしてそれで東アジアで伝播して中国仏教を経由してきた日本の仏教というのは、ずいぶん変わっていますから、同じものというふうにとらえることは絶対にやってはならないことで、お釈迦さまの精神に照らせばこんなことは、という言い方は、あれは地域の特性や歴史やなにかを無視した話ということを前提にしませんと、話の方向というのはわからなくなってくると思いますが、それだけちょっと付け加えます。

木村　まだまだ議論は続くようでございますが、あとはまた改めて、ということにしたいと思います。ただ悟るという問題は実は仏教の根本問題なのですが、さきほど水上先生がおっしゃったように、人がそう認めるという形でしか現実にはない。たとえば、禅宗では見性ということをいいます。自己の仏性を見るという意味です。そういう悟りの体験をすることはありますけれども、それはおそらく永続的なものではない。しかし悟りには永続性というのが絶対的な条件の一つです。ですから、一時の体験としてはあっても、けっしてそれは本物の悟りではないだろうと思います。悟るということは永遠の目標とも言えますし、悟り自体に支えられて歩みがあるとも言えるのでないでしょうか。そういう両面が現実にあるわけで、ひたすら歩んでいくといいますか、正しい道、菩薩の道を歩んでいくということしか実際にはないだろう。悟りを議論すること自体が一種の観念論に陥ってしまう。そういうおそれがあると思うのです。

それから、生死論に関してもそうなのですが、仏教の教学がさまざまに展開していく中で、いろいろな生死のとらえ方が出てきます。それと、教判的な枠組みみたいなものがまた発展をしていきます。そのような一種の分別的な仏教の展開、アビダルマ的な展開というのがあります。そこで、後代の人たちはどうしてもそれらの全体を受け止めて、整合性を持たせて解釈をしていかなければいけません。

その中で後の理論体系というのは生まれてきます。ですから、ただそういう体系的理論にとらわれてしまいますと、仏教のほんとうのところが見えなくなってしまう。そういうおそれもあるのではないでしょうか。

ともあれ、私たち自身は、やはり仏教の本質といいますか、いちばん大事なところをつねに見ようとする、そういう思いと姿勢をしっかりと持たなければいけないのではないか、そのように思っております。

ちょうど終了予定の時間になりました。きのう、きょうと、先生方にはほんとうにそれぞれの分野において素晴らしい研究発表をしていただきました。また初日、最初の蓑輪先生には総括的に大事な問題をまとめていただいて、ご発表いただきました。ありがとうございました。いずれこの成果は、また論集としてまとめられることになります。みなさまには、それにもお目通しをいただければ幸いです。

それではこれをもちまして、今回の総合討論を終わらせていただきます。みなさま、どうもありがとうございました。

第12回 ザ・グレイトブッダ・シンポジウム

平成25年11月23日（土）

開会挨拶：筒井　寛昭（華厳宗管長・東大寺別当）

基調講演：蓑輪　顕量（東京大学）「寺僧と遁世門の活躍―戒律・禅・浄土の視点から」

特別講演：奥　　健夫（文化庁）「東大寺法華堂諸尊像をめぐる諸問題について
―保存修理時の知見をふまえて」

11月24日（日）

《研究報告》

岡本　一平（慶應義塾大学）「凝然の二種生死論
―東大寺図書館所蔵『華厳二種生死義』の読解」

内藤　　栄（奈良国立博物館）「実範と金亀舎利塔」

水上　文義（中村元東方研究所）「栄西を中心とした中世初期禅密僧の思考と動向」

小原　嘉記（中京大学）「鎌倉初期の東大寺再建と栄西」

全体討論会「中世東大寺の華厳世界―戒律・禅・浄土」

木村　清孝（東大寺華厳学研究所・鶴見大学）

蓑輪　顕量（東京大学）

岡本　一平（慶應義塾大学）

内藤　　栄（奈良国立博物館）

水上　文義（中村元東方研究所）

小原　嘉記（中京大学）

ザ・グレイトブッダ・シンポジウム論集第十二号
論集 中世東大寺の華厳世界――戒律・禅・浄土

二〇一四年十一月二十二日　初版第一刷発行

編　集　ＧＢＳ実行委員会

発　行　東大寺
〒六三〇―八五八七
奈良市雑司町四〇六―一
電　話　〇七四二―二二―五五一一
ＦＡＸ　〇七四二―二二―〇八〇八

制作・発売　株式会社　法藏館
〒六〇〇―八一五三
京都市下京区正面通烏丸東入
電　話　〇七五―三四三―五六五六
ＦＡＸ　〇七五―三七一―〇四五八

論集 東大寺の歴史と教学 ザ・グレイトブッダ・シンポジウム論集第一号 品切

論集 東大寺創建前後 ザ・グレイトブッダ・シンポジウム論集第二号 二〇〇〇円

論集 カミとほとけ―宗教文化とその歴史的基盤 ザ・グレイトブッダ・シンポジウム論集第三号 二〇〇〇円

論集 近世の奈良・東大寺 ザ・グレイトブッダ・シンポジウム論集第四号 二〇〇〇円

論集 鎌倉期の東大寺復興―重源上人とその周辺 ザ・グレイトブッダ・シンポジウム論集第五号 二〇〇〇円

論集 日本仏教史における東大寺戒壇院 ザ・グレイトブッダ・シンポジウム論集第六号 二〇〇〇円

論集 東大寺法華堂の創建と教学 ザ・グレイトブッダ・シンポジウム論集第七号 二〇〇〇円

論集 東大寺二月堂―修二会の伝統とその思想 ザ・グレイトブッダ・シンポジウム論集第八号 二〇〇〇円

論集 光明皇后―奈良時代の福祉と文化 ザ・グレイトブッダ・シンポジウム論集第九号 二〇〇〇円

論集 華厳文化の潮流 ザ・グレイトブッダ・シンポジウム論集第十号 二〇〇〇円

論集 平安時代の東大寺―密教興隆と末法到来のなかで ザ・グレイトブッダ・シンポジウム論集第十一号 二〇〇〇円

法藏館 価格税別